# प्रबन्धन पानीपत से टायटेनिक व्हाया कुरुक्षेत्र

# प्रबन्धन पानीपत से टायटेनिक व्हाया कुरुक्षेत्र

श्रीराम मुण्ढे

लेखश्री पब्लिकेशन

ISBN : 978-81-905387-8-7

लेखश्री पब्लिकेशन
पन्नालाल लेन, 21-ए, दरियागंज,
नयी दिल्ली-110002
द्वारा प्रकाशित
संस्करण : 2017
मूल्य : ₹ 295.00

जी.एस. ऑफसेट, दिल्ली-110032 द्वारा मुद्रित

*लेखश्री पब्लिकेशन, वाणी प्रकाशन की सहयोगी संस्था*

# जनन कथा

**'लो आ गई यमुना नदी'**—मंडल प्रभारी राजकुमारी ने स्टीअरिंग पर से हाथ उठाकर कहा। मैंने बायाँ दरवाजा खोलकर देखा, गाड़ी ब्रिज से थोड़ा आगे साइड में खड़ी है। दोनों ओर यमुना नामक हजारों साल पुरानी नदी है।

पानीपत से यहाँ तक आते-आते मैंने कई बातें गाड़ी प्रभारी राजकुमारी को, मित्र देसराज को, बाकी साथियों को बताई थीं, इस नदी के किनारे देश की, भारतीय उप महाद्वीप की समूची चेतना घनीभूत हुई है। यही नदी है, जिसमें कालिया नाग को दबोच-दबोच कर गोकुल के कान्हा ने खत्म किया था, इसी के किनारे मर्यादा तोड़कर आने के लिए राधा दिन-रात तड़पती थी। यही है वह नदी जिसमें मार्गशीर्ष की हर सुबह चार-पाँच बजे ही हजारों गोपियाँ नहाने आती थीं। इसी नदी के निवात पानी में राधा अपना रूप निहारते-निहारते माँग सँवारती थी।

शस्त्रास्त्र से लदी हुई युयुत्सु नौकाएँ कुरुक्षेत्र की दिशा में इसी नदी से होते हुए गई थीं। शत्रु के आक्रमण से ध्वस्त रथ के पुर्जे और पहिये यमुना की सतह से बहते हुए गए थे। ध्वज, झंडे और पताकाएँ नदी के बहाव में, प्रभाव में बहती गई थीं और ऐसे ही किनारे गोपियाँ अपने वस्त्र, आभूषण उतारकर नहा रही थीं कि कान्हा अपनी टोली लेकर आ गया, सबके वस्त्र बटोर लिए और देर तक गोपियों को त्रस्त और हैरान करता रहा। ऐसी ही तैरती रहो, सर्दी में काँपती रहो, उजाला होगा तो लोग देखेंगे।

मेरी बात मानो, हाथ जोड़ो, प्रणाम करो और अपने वस्त्र ले जाओ।

बार-बार हुए युद्ध में पराजित सेना के सेनापतियों के कटे जिस्म और लाशों की गंध पाकर गिद्ध और कौवे इसी आकाश से उत्तर की तरफ उड़ते गए होंगे। उन वीरों की लाशों को नोचने के लिए कुत्तों की टोलियाँ उनके साथ लपकी होंगी। इसी यमुना ने फौज को युद्ध पर जाने से रोकने की कोशिश की, मिन्नत करने पर मान गई। रास्ता बन गया। भागवत, हर पुराण, रामायण, महाभारत और देश को ऐतिहासिक मोड़ देने वाली हर लड़ाई की, हर आन्दोलन की यमुना गवाह है।

नीचे उतरकर हमारा ग्रुप पुल पर खड़ा हुआ। मैंने पूछा, कहाँ है यमुना—यहाँ तो कुछ भी नहीं।

थी लेकिन सूख गई है—एक ने बताया। देखा मैंने कि पुलिया से करीबन दो सौ मीटर दूर पर काले पानी का एक डबरा है। सुना कि नदी मैया की गोद खोद-खोद कर ट्रकों, वॅगनों में भवन निर्माण के लिए शहर भेजी जाती है।

बास शायद डबरे से आ रही थी। देखा कि उसमें नहा रही है, कुछ भैंसें, कुछेक कुत्ते और दरिद्री रेखा के नीचे के लोग। औरतें क़पड़े भी धो रही हैं।

"क्या हो गया यमुना का मॅडम!" मैंने भरी आवाज में कहा। कई ऐतिहासिक प्रसंग नज़र के सामने क्लोज अप्स बनकर उछल आए।

कुरुक्षेत्र इसी नदी की गोद में जहाँ कौरव और पाण्डवों की सेनाएँ आपस में लड़ी थीं। यहीं कहीं भगवान कृष्ण ने मैदान में उतरने के पहले लड़ने से इनकार करने वाले अर्जुन को आत्मज्ञान और विश्वास दिया था। इसी नदी के तट पर पानीपत की तीनों जंगें हुई थीं। जहिरुद्दीन ब्राबर, इब्राहिम् खान लोधी, बहराम खान, राघोबा पेशवा, हेमचन्द्र, दत्ताजी शिंदे—हर नस्ल की फसल यहाँ लहकी, कटी और मर मिटी, तीसरी लड़ाई तो ताजा है। अभी-अभी यहाँ कहीं लोग जीतकर दिल्ली की ओर लौटे हैं, कट कर मर गए हैं या भूख और घाव के मारे आसपास तड़प रहे हैं।

प्रबन्धक लोगों को इस नदी के किनारे हुई घटनाओं से, लड़ाइयों से बहुत कुछ सीखने को मिलेगा।

मराठे लोग अपने लिए नहीं, मुगल सल्तनत बचाने के लिए पानीपत के खंदक में घात लगाकर दो महीने—पूरे दो महीने दुश्मन से उलझने की ताक में बैठे थे। मराठे सम्पन्न या अमीर कभी नहीं थे। मुहिम में, रास्ते में जो भी मिला, कमा लिया, खा लिया, जीत लिया और लौट पड़े। इसी शैली में वे दूर-दूर तक पेशावर, कंधार तक अपनी सेना ले गए थे। झंडा गाड़ आए थे। पानीपत के खंदक में लगातार दो महीने सिर्फ पड़े रहने से कमाना और खाना दोनों को मोहताज होते गए। लड़ने के लिए जरूरी घोड़े, बैल, खच्चर सब बीमार और कमजोर पड़ते गए। छोटे-मोटे एनकाउंटरों में गोला बारूद भी लगभग खत्म हुआ। आखिरकार बुधवार, 14 जनवरी, 1761 को युद्ध के लिए मैदान में उतरने का फैसला सेनापति सदाशिवराव भाऊ ने एक दिन पहले किया।

फौज का व्यूह गोल के आकार में बना। बीच में भाऊ ने सेना के साथ लाए गए बाजार वाले, पुरोहित पंडित, दासियाँ, नर्तकियाँ, रसोइए, ज्योतिषी आदि को रखा। पीछे पैदल सेना और आगे दाएँ कोने में मल्हारराव होळकर, उसकी बगल में शिंदे और बायीं ओर गायकवाड, विंचूरकर तथा इब्राहिम थे। इन सभी में भाऊ का विश्वास सबसे ज्यादा तोपची इब्राहिम खान पर था।

### पहला प्रहर

सुबह नौ बजे युद्ध आरंभ हुआ था। इब्राहिम खान ने योजनाबद्ध तरीके से पहला गोला निशाने पर दागा और सामने खड़ी रोहिलाओं की पाँत को सफलतापूर्वक तोड़

दिया। इसी योजना के अन्तर्गत तय था कि मराठा फौज टूटी पाँत में से मुसंडी मार कर घुसेंगी, घुसती जाएँगी और दिल्ली की ओर लपकेंगी। एक-एक पल अमूल्य था।

मैनेजमेंट वालों को ध्यान देकर सीखना चाहिए कि बनाई गई योजना कार्मिकों में, फौज में ठीक से नहीं पहुँचती है तो हार पक्की है। पूरा काम कबाड़ा हो जाता है। पानीपत में इब्राहिम ने रोहिलाओं का मोर्चा सफलतापूर्वक तोड़ा है। रोहिला फौज हट गई है। पस्त-सी हो गई है। यह देखते ही इब्राहिम के तोपखाने की रक्षा के लिए पीछे तैनात विंचुरकर, दमाजी गायकवाड, शिवदेव आदि ने अपनी पोजिशन छोड़ दी और तोपखाने के आगे दौड़ पड़े, रोहिला फौज के साथ उलझने, उसे खत्म करने के लिए।

तोपखाने का चालक इब्राहिम खान मराठों के, अपनी फौज के—अपने ही गार्ड/रक्षकों के इस अविचार और आवेग से निराश और सन्न हो गया। तोप को बत्ती देना, चलाना उसने रोका। अब गोला चलते ही रोहिलाओं से उलझे अपने ही सरदार और सिपाही जल मरेंगे। लगभग आधे घंटे तक चले इस अनियोजित आक्रमण में मराठों का जोश तो दिखा दिया लेकिन अनुशासनहीनता भी उभरकर सामने आ गई। इस आधे घंटे में मराठी फौज का गोल जीत की ओर काफी बढ़ चुका होता लेकिन इंच भर भी हिल नहीं पाया।

पोजिशन छोड़ने की वजह से नौ बजे छिड़े युद्ध में मराठा फौज के तेवर बहुत तेज दिखाई दिए। इब्राहिम खान हताश दशा में भी अपनी फौज को वापस बुलाता रहा। गलती समझ में आने पर लोग वापस आ गये। अपनी-अपनी पोजिशन फिर ली, लेकिन यही मौका पाकर अब्दाली के सेनापति और रोहिला तथा बरखुरदार ने अपनी टूटी पाँत को फिर से बाँधा, मजबूत किया...

चार बजे तक चले इस युद्ध में मराठों ने और एक बार दुश्मनों पर लपक कर हमला किया। मराठा फौज शहावली खान से सामने से भिड़ी। उसे लगभग पस्त किया। उसकी फौज भी पस्त होती रही। 14 जनवरी को सूरज दक्षिणायन में होता है। अतः ढाल तलवारों से आँखों पर पड़नेवाली ग्लेयर-तेज रोशनी के कारण दुश्मन से भिड़ना कठिन होते गया। फौज फिर अपनी जगह पर लौटी, घंटे भर विश्राम किया।

मराठों के तेवर देखकर अब्दाली को आशंका ने घेर लिया। मराठे भूखे हैं, असहाय हैं, दो-दो महीने खन्दक में सड़ी लाशों, लीद, मलमूत्र की गन्दगी ने मानसिक और शारीरिक रूप से उन्हें तोड़ा होगा सोच कर अब्दाली को लगा था कि दुश्मन कमजोर और बीमार पड़ा है। लेकिन दो-दो बार चढ़कर आने वाले मराठों के आक्रामक तेवर, लपक और बिजली-सी कड़क देख कर अहमद शाह को लगा कि खेल बिगड़ भी सकता है। उसने अपने जनाने को सुरक्षित भागकर ले जाने की व्यवस्था तक की।

बड़ी खराब हालत थी—मॅडम, मराठा सेनापति और फौज की। राजधानी पुणे से, दिल्ली से न कुमक आ रही थी न ही अनाज बचा था। अहमद शाह ने रसद का हर रास्ता तोड़ दिया था। सेनापति भाऊ द्वारा भेजे जाने वाले गोपनीय स्ट्रॅटेजिक पत्र—हर तरह की इंटलिजेन्स और रसद या पैसा लाने, ले जाने वाले मराठा डाकियों को अब्दाली के सिपाही खसोट रहे थे। भाऊ और उसकी फौज पानी में गहरी डूबती गयी है इस बात की अद्यतन जानकारी उसके पास थी। दूरबीन लेकर टोलियों में बिखरी मराठों की फौज उसने देखी थी। अपना मोर्चा मजबूत है, इस पर शाह को यकीन था। उत्तर के सभी राजाओं को सफलतापूर्वक अपने खेमे में लाना और छत्रपति शिवाजी की शैली में सामने वाली फौज को नेस्तनाबूत करना उसे बहुत आसान लग रहा था। मराठा फौज अब मुगल शैली में हाथी पर सवार होकर, शिवाजी की शैली में लड़ रहे शाह के साथ भिड़ रही थी। यह सब इसी नदी के किनारे हो रहा था।

भाऊ के आदेश को, स्ट्रॅटेजी को तोप खाने के पीछे खड़े रक्षक विंचुरकर आदि ठीक से समझते तो विजय देने वाला तोपची इब्राहिम का पहला गोला बेकार न जाता। सही और प्रभावी सम्प्रेषण हर संगठन की, व्यवस्था की महत्त्वपूर्ण जरूरत है। गलत सम्प्रेषण से तमाम संसाधन नाकाम, बेकार, कचरा और बर्बाद हो जाते हैं। वरना इतना बड़ा आत्मविश्वास लेकर मराठा फौज आठ मील की दूरी पार न करती? खास कर इब्राहिम जैसा चुस्त, अनुभवी, जिगरबाज तोपचालक मोर्चे के आगे मुसंडी मार था तब।

और एक बात। छत्रपति शिवाजी ने फौज की आचरण संहिता बहुत सख्त रखी थी। फौलाद और घोड़ा दो बातों का महत्त्व बार-बार दोहराया गया था। फौलाद ही फौजी का आभूषण होता है। सेना अपने साथ लटांबर लेकर न चले। लेकिन तीसरे पानीपत में नजारा अजीब था। अपने नौ-नौ महीने की प्रेगनंट औरतें लेकर बळवंत राव मेंहदळे जैसे सेनापति दुश्मन से लड़ने की भी बात सोच रहे थे। कइयों की माँ-बहनें, दादा-दादी, मामा-भांजे, विधवा भौजाइयाँ पानीपत में होने वाली लड़ाई के नाम पर आये थे। मानो यहाँ पर मेला लग रहा हो। इस मेले में नाच गाने वाले थे। नर्तकियाँ थीं, दाराओं का काफिला भी था जो इस जमाने की लड़ाई में मराठा फौज में भी आवश्यक माना जाने लगा था। जंग के मैदान में पूजा-पाठ, होम-हवन तथा कुरुक्षेत्र की तीर्थयात्रा करके जीत का विश्वास बढ़ाया जा रहा था। मतलब भगवतगीता के कर्मयोग को, शिवाजी महाराज की युद्ध नीति को, योद्धा के धर्म को इस दौर की मराठा सेना ने नजरअन्दाज कर दिया था। रफ्तार बहुत ढीली पड़ गयी

थी। फौज भटक-भटक कर और आपस में उलझ-उलझकर निर्बल हो गयी, कमजोर पड़ गयी। बॅकवर्ड इंटीग्रेशन नहीं के बराबर रहा। अधीनस्थ मनसबदार एक-दूसरे के प्रति जलन के शिकार थे। अपजय चाहने वाले देश में सभी थे। सेंकड लाइन नाम की व्यवस्था पेशवा फौज में नहीं थी। बिना दूरदृष्टि के कुप्रबन्धित फौज, आप्त-अनाप्त सब चाह रहे थे कि मराठों को सबक मिले, अब्दाली जीते और हमेशा की तरह वापस चला जाए। किसी संगठन के टूट जाने, हारने के लिए और क्या चाहिए?

एक बजे लड़ाई फिर से शुरू हुई। सुबह नौ बजे हुई धाँधली की वजह से मराठा गोल एक इंच भी आगे बढ़ नहीं पाया। इसी घमासान में–तीसरे प्रहर में विश्वासराव गोली का शिकार हो गया। उसकी लाश को हाथी पर रख कर भाऊ ने दुश्मन की फौज में फिर से मुसंडी मारी।

अहमद शाह ने अपनी फौज का व्यूह केकड़े के मुँह जैसा बनाया था। दुश्मन को दबोचने का आदेश उसने दे दिया। चारों छोर से मराठा फौज कसती गयी-कसती गयी और आखिर-आखिर में तो भाऊ के पास सेना के नाम पर पचास-पचपन हजार में से सिर्फ पचास सवार बचे। लड़ाई शाह ने जीती। मराठा साम्राज्य की कमर टूट गयी। उधर दूसरे ही दिन 15 जनवरी को कर्नल कारनॅक ने बिहार में अपना झण्डा शाह आलम के माध्यम से गाड़ दिया। दक्षिण में पॉण्डेचरी से फ्रेंचों को भगाकर अंग्रेजी कम्पनी ने अपना शिकंजा मजबूत किया। जनवरी, 1761 की लगातार पड़ने वाली ये तीन तारीखें देश के इतिहास को मोड़ दे गयीं।

यहाँ हुई लड़ाइयों की खासियत है कि जेता ने अपने शत्रु की इज्जत की। उनकी कब्रें या समाधि बनवायीं। अहमद शाह अब्दाली ने पुणे सरकार को बताया कि आपस में उलझने में, मराठों के साथ युद्ध करने में उसकी कोई रुचि नहीं थी। उस दौर में मराठों का राजकोष खाली पड़ा था। लूटने के लिए दक्खन में कुछ नहीं बचा था। लूटने का सामान और अमीरी उत्तर में थी। मराठों को मारने से या उनके साथ लड़ने से क्या हासिल होने वाला था? इस तरह शाह ने जीत के बाद लिखे पत्र में अपना दिल खोल दिया है। खासकर वह मराठा सेनापति भाऊ की तड़प और झंझावाती आक्रमण शैली से बहुत प्रभावित हुआ है। साथ ही मैदान में दिखने वाली मराठों की लपक का वह बहुत सम्मान, आदर करता है।

पानीपत के इस सफर से लौटते वक्त मेरे साथियों ने कहा कि हमें यहाँ रहकर भी पता नहीं था कि यमुना और पानीपत क्या है। असल में इस पर कुछ लिखा जाना चाहिए। बात *वाणी प्रकाशन* के अरुण माहेश्वरी को भी पसन्द आयी। उन्होंने

आश्वस्त किया कि पुस्तक रूप में लिखने पर इसे भी उछाल दूँगा। इसी क्रम में हुई चर्चा में महसूस हुआ कि महाभारत के मुख्य चरित्र और भारतीय इतिहास के माइल स्टोन माने जाने वाले छत्रपति शिवाजी महाराज, रजिया सुल्ताना, चाँद बीबी और टायटॅनिक जैसे हादसे भी प्रबन्धकीय कुशलता का और व्यावसायिक सफलता का सबक हमें दे सकते हैं। इस पुस्तक का जनन इसी प्रसंग से हुआ है।

**– श्रीराम मुण्ढे**

# अनुक्रम

# 1. बाबर

शुक्रवार, 14 फरवरी, 1483 को जन्म।

पिता **मिर्ज़ा उमर शेख़** स्वभाव से युयुत्सु और घोर महत्त्वाकांक्षी थे। लड़ने, मैदान मारने और जीतने का नशा उन्हें चैन से बैठने नहीं देता था।

समरकन्द हासिल करने की कई-कई कोशिशें उमर शेख़ मिर्ज़ा ने कीं और बार-बार हाथ मलते रहे। निराश हुए।

कबूतरों को बुला-बुलाकर दाना खिला रहे थे कि गिरे और चल बसे।

उमर शेख़ मिर्ज़ा के तीन लड़के थे। पाँच लड़कियाँ थीं। ज़हीरुद्दीन बाबर इनमें सबसे बड़े थे।

ज़माना अनिश्चय का और घड़ी-घड़ी बदलावों का था। एशिया में उस्मानी साम्राज्य का विस्तार और दबदबा चारों ओर फैल चुका था। यूरोप पर नज़रें गड़ायीं। इराक और ईरान पर अधिकार करने का प्रयास किया। ईरान में सफ़वी साम्राज्य पन्द्रहवीं सदी के अन्त में सत्ता में आया। सफ़वी शियापन्थी थे। सफ़वियों ने इराक़ और बग़दाद की प्राप्ति के लिए उस्मान के सुल्तानों से भी टक्कर ली।

आन्तरिक दरारें पड़ जाने से मुग़ल साम्राज्य पन्द्रहवीं सदी में बिखर गया। इस स्थिति का लाभ उठाकर तैमूर ने ईरान और तूरान को फिर एक बार जोड़ लिया। 1405 में तैमूर चल बसा। तैमूरी साम्राज्य का विघटन होता रहा। तैमूर का पोता शाहरुख़ मिर्ज़ा समरकन्द और हेरात क्षेत्र बचा पाया। काफी उन्नति की। कीर्ति पायी।

इस साम्राज्य में पतन का मोड़ और दौर कुछ ही बरसों में आया। शासक अत्याचारी, अय्याश और लम्पट बन गये। सुल्तान महमूद मिर्ज़ा ने गद्दी पर बैठते ही नये-नये करतब करना शुरू किये। जब सुल्तान डाल-डाल हुआ तो नीचे के वज़ीर, अमीर और नौकर पात-पात हो गये। हर एक सुल्तान का अनुकरण और नकल करने लगा। सल्तनत बदकारी में, शराब की नदी में बहने-डूबने लगी। खुसरो शाह के नौकर ने एक आदमी की बीवी छीन ली। आदमी रोता-बिलखता फरियाद लेकर सुल्तान के पास गया।

*"क्या है?"* सुल्तान ने पूछा।

*"बीवी छीन ले गया है।"* फरियाद।

*"कौन?"* सुल्तान।

*"ज़नाब खुसरो शाह का नौकर।"* फरियादी।

*"तो रोता क्यों है! इतने साल तक तो तेरे पास रही ही है, अब कुछ सेवा उसे नौकर की भी करने दे।"* ... सुल्तान ने अपना निर्णय खुलासेवार ज़ाहिर किया।

औरतों की ज़िन्दगी क्या बताएँ, जब सिपाही लोग जवान हो रहे लड़कों को पकड़-पकड़ कर ले जाते थे, उन्हें चेहरा बनाया जाता था, मारे डर के जवान और किशोर लड़के घर ही में दुबक कर छिपे रहते, बाहर निकलते नहीं थे। उठने वाले अत्याचार के इस बवण्डर में लोग-प्रजा अत्याचार से, अनाचार से, दुराचार और व्यभिचार से तंग आ गयी। रंज और दहशत में छोटे-बड़े, ऊँच-नीच, दीन-दुखी, दरवेश-फक़ीर सल्तनत को शाप, बद्दुआ देने लगे।

ऐश करने में, व्यभिचार में, अनाचार और अत्याचार में डूब रहे प्रशासन को, ऐसे प्रबन्धन को या सल्तनत को कुचलने वाला—अधर्म और उन्माद के अभ्युत्थान के लिए पैदा होता ही है। लूटने और मजा मारने की लत के बन्दे ज़्यादा देर राज नहीं कर पाते। उन मरदूदों पर कोई-न-कोई लगाम लगा देता है, काबू कर लेता है, उन्हें ख़त्म-तबाह कर देता है।

तैमूर-वंशी बाबर की नज़र समरकन्द पर बराबर रही। इस शहर को तैमूर ने दिलोजान लगाकर सजाया-अलंकृत किया था। मस्जिद और भवन निर्माण करने के लिए हिन्द से लोग लाये थे। मस्जिदों पर, मस्जिदों के द्वार और दीवारों पर आयतें ऐसी खुदवाईं कि कोस-डेढ़ कोस से भी आसानी से पढ़ी जा सकें। बाबर का जी यह नगरी हमेशा ललचाती रही। समरकन्द की अच्छाई और खूबसूरती ने उसे हमेशा बेचैन रखा। अक्सर बाबर ने सपना देखा कि एक दिन समरकन्द उसका होगा। वहाँ बसकर वह फिर इस शहर में नये बाग़ बसायेगा, चमन उगायेगा, बड़ी-बड़ी सदा बहने वाली नहरें होंगी, सदाबहार झीलें होंगी, समरकन्द जन्नत बन जाएगा, मेवा होगा, तरबूजे और बड़े-बड़े होंगे, चिड़ियाँ और पाखें फैलाकर चहकेंगी।

बाबर ने बार-बार और बराबर कोशिशें कीं। सुल्तानी के, देश जीतने के, अपना राज और प्रशासन कायम करने के सपने हार-हारकर और अधिक टीसने लगते हैं। कोई साथ न दे...अपने भी रोड़े अटकाएँ तो कसक और गाढ़ी बन जाती है।

हर क्रांतिकारी सम्राट को—साम्राज्य के संस्थापक को दुश्मनों से ज़्यादा अपनों ने तंग किया है। बाबर का वंश और राज 'मुग़ल' नाम से जाना-पहचाना

गया लेकिन विडम्बना है कि खुद बाबर ने मुग़लों की आपसी अनबन और तंगदिली पर प्रहार किया है। बाबर ही के शब्द हैं कि *"मुग़लों की जातियों ने अक्सर बुराइयाँ कीं और बग़ावतें कीं।"*

240 आदमियों की फ़ौज के दम पर बाबर ने समरकन्द लिया ही। शैबाक खान जैसे खिलाड़ी, भेड़िये, घाघ को भगा दिया। बाबर इस समय उन्नीस बरस का था। व्यापार में, प्यार में, बाज़ार हो या वॉर में तत्परता के साथ-साथ संयम भी जरूरी होता है। तत्परता अपनी योजना बनाने और लागू करने में, संयम और समझ हार के आसार ताड़कर मैदान छोड़कर कहीं और से चढ़ने में। बाबर ने अपने दुश्मन–उज़बेकों की इस प्रशासन-प्रबन्धन या युद्ध-शैली को देखा, परखा और अपनी युद्ध-शैली में भी आत्मसात किया। उज़बेकों की इस 'तुलग़मा' नामक आक्रमण शैली की तारीफ करते हुए बाबर ने कहा है कि–*"इसके बिना उनकी कोई लड़ाई नहीं होती... उनके बेग़, उनके सिपाही, उनकी फ़ौज सभी गड्डमड्ड और बेपात सरपट सवारी करते हुए सामने वाले के आगे और पीछे से तीरों की घनघोर बरसात करते हुए आते हैं और हार के आसार दिखते ही एकाएक लापता हो जाते हैं।"*

उज़बेकों की इस छापामार शैली को देखकर, समझकर अनुभव लेकर बाबर ने अपनी युद्ध-प्रणाली को भी उन्नत और मज़बूत किया। चपलता और तत्परता इस कदर कि दुश्मन का सुराग लेते ही टूट पड़ना–बिजली की तरह बाबर के व्यक्तित्व का हिस्सा बन गया। टूट पड़ना उसी दम हो–तनिक देरी न हो इसलिए कपड़े पहने ही वह हथियारों से लैस सोया करता था।

आगे चलकर बाबर का दिल काबुल और कन्धार की हरी-भरी सब्ज़ मंडियों पर आ गया। खुरासान और हिन्द को जोड़ने वाली इन मंडियों का महत्त्व बाबर ताड़ गया। काबुल में काश्ग़र, फरग़ाना, तुर्किस्तान, समरकन्द, बुख़ारा, बल्ख़, हिसारा, बदख़्शा वगैरह से क़ाफिले आते थे। इस प्रकार काबुल की गाँठ हिन्दुस्तान और खुरासान को इकट्ठे बाँध लेती थी। सौदागर यहाँ माल और मेहनत बेचकर मुनाफ़ा कमाते थे। साल में आठ-दस हज़ार घोड़ों का बाज़ार लगता था। हिन्दुस्तान से भी पन्द्रह-बीस हज़ार व्यापारी आते थे। शक्कर, खाँड, दवाएँ, मसाले, कपड़े, मिसरी, जड़ी-बूटियाँ हिन्दुस्तानी यहाँ आ कर बेचा करते थे। इसी काबुल में खुरासान–हिन्दुस्तान के साथ-साथ इराक, चीन और रूस के सौदे भी चलते थे। दक्षिण एशिया का यह स्थान नामी बन्दर-व्यापार का केन्द्र था। बाबर ने इसे अपने अधीन किया।

गन्ने के बीज मँगवाये, बोये और फसलें खड़ी कीं, शक्कर या खाँड वहीं पर बनाने के मक़सद से। आलू-वालू भी मँगवाये और बोये।

बाग़-ए-बफ़ा का चमन लगवाया, यहाँ फूल खिले, नहरें बहीं और पराये मुल्क से मँगवाये अनाज की फसलें उपजीं-महकीं।

यहीं काबुल में 1505 में बाबर ने हिन्दुस्तान नामक मुल्क का सम्राट बनने का सपना देखा, बिना देर लगाये अभियान चला।

पेशावर बड़ी आसानी से हाथ आया। पेशावर के पठान ने बिना लड़े अपना सरदार, खुसरो काकियानी पेशावर सहित बाबर के हवाले कर दिया। अभियान के दौर में रास्ते में मिले हिन्दुस्तानी सौदागरों से अच्छा व्यवहार किया। बिना लड़े, बिना मेहनत के किसी को लूटना, बेवज़ह त्रस्त करना बाबर ने अक्सर टाला। अपनी फ़ौज को ऐसी कार्रवाई करने से रोका। उसने अपने लोगों और सिपाहियों को बार-बार यकीन दिलाया कि बेचारे, बेगुनाह को, बिना मेहनत की लूट को अल्लाह पर भरोसा करके छोड़ दें तो अल्लाह हमें माला-माल कर देगा। बाबर ने अपनी जीवनी में लिख रखा है कि काबुल में कदम रखते ही उसका मन हिन्दुस्तान पर उड़ने के लिए पंख फड़फड़ाकर बेचैन हुआ था। बहीरा, ख़ुशाब, चिनाब और चीनीवत को मिलाकर इस इलाके का पूरा पट्टा तुर्कों ने अपनी ताकत के बल पर जीता था। चाहे लड़कर तलवार के बल पर, चाहे समझा-बुझाकर, सुलह कर बाबर इसे पाने के सपने देख रहा था। रास्ते में—अभियान के दौरान भी जो कुछ मिलता—पहाड़, ज़मीन, नदी, लोगों के साथ सलूक अच्छा रखने की हिदायत फ़ौज को दी थी। सख़्त ताक़ीद दी थी बाबर ने कि यहाँ की एक भी भेड़ पर बल्कि सूई या धागे के टुकड़े तक पर कोई आँख न उठाये। मुल्क और कौम अपनी है, नहीं तो अपनी बनानी है। इसे अपनी मानो, बचा-बचाकर, प्यार से सहेजकर जतन करो। खलबली या उथल-पुथल मचाओ नहीं। पहले सुलह की—समझौते की सोचकर मुल्ला मर्शीद को दूत बनाकर दिल्ली भेजा ताकि बिना झगड़े-झंझट के तुर्कों की इस अमानत को दिल्ली सल्तनत का सुल्तान इब्राहिम लौटा दे, उसके हवाले कर दे।

बाबर की सुलह वाली चाल नाकाम रही, इस पर बाबर का बयान है—

*"ये हिन्दुस्तानी भी...और खासकर ये पठान अजीब नासमझ हैं। सूझ-बूझ और आगे-पीछे की समझ इनमें नहीं है...न किये या बीते को तोल सकते हैं, न आने या हो सकने वाले अंजाम पर ध्यान देते हैं...न बैर का दम रखते हैं न दोस्ती की राह-रस्म निभा पाते हैं, न मैदान में डटने का इनमें ताव है...न भाग सकने का दाँव,"* लाहौर वाले दौलतखान लोदी ने बाबर के एलची (दूत) को लम्बे समय तक लाहौर में ही रोककर रखा, न उसे दिल्ली जाने दिया न खुद भी उससे मिला। उम्मीदों पर पानी फिरा। एलची मुल्ला मुर्शीद काबुल लौटा। बाबर के छह महीने इसी में बर्बाद हो गये।

हिन्दुस्तान की मुहिम के दिनों पुत्र प्राप्ति की ख़बर आयी। हिन्दुस्तान अभियान का यह सगुन समझकर बाबर ने इसका नाम रखा "हिन्दाल"।

चालीस-पचास पठानों की टोली में जा घुसने वाले निष्कवच हुसैन हसन की कुर्बानी पर बाबर की टिप्पणी बड़ी मार्मिक है। ऐसी बेख़याल कुर्बानी को उसने बेहूदा और व्यर्थ की कुर्बानी माना और अपने चश्मदीद बहादुरों को प्रताड़ित किया, *"तुम इतने आदमी थे! खड़े-खड़े तमाशा देखते रहे। पठान चालीस-पचास थे, पैदल थे, खुला मैदान था, ज़मीन सपाट थी। फिर भी तुमने इस बहादुर को खो दिया। आदमी हो तुम..."*

*"तुम्हारे ओहदे घटाये जाने चाहिए...तुम्हारा सब कुछ...पदवी, परगने, मुल्क़, ज़ागीर और सामान छीन लेना चाहिए। तुम्हारी दाढ़ियाँ कटवानी चाहिए...ऐसा करना चाहिए जिससे कि बैरियों से घिरे अपने जवानों को गिरते देखने की हिम्मत कोई खड़ा-खड़ा और दिल को ढीला कर न दिखाये।"*

मुबारका बेग़म और बाबर के बीच पनपी प्यार की कहानी एक राजनीतिक स्ट्रेटेजी का अच्छा उदाहरण है।

कहानी यों है...।

युसुफजई मलिक शाह सुलेमान ने काबुल के शासक उलुग बेग़ को गोद लिया था, इस पर भविष्यवाणी हुई थी कि इस लड़के के हाथों तुम मारे जाओगे। सुल्तान ने बात अनसुनी की, अपने फैसले पर कायम रहा। मिर्ज़ा उलुग बेग़ को दामाद बना लिया, भविष्यवाणी सच निकली। शाह सुलेमान और उसके सात सौ लोग मिर्ज़ा के हाथों मारे गये। शाह सुलेमान ने मरते-मरते तीन वर माँगे।

पहला वर यह कि भतीजे अहमद की जान बख़्श दी जाए। मिर्ज़ा उलुग बेग़ ने लम्बा शासन किया। उसके उत्तराधिकारी दामाद मुकीम को हराकर बाबर ने काबुल पर कब्ज़ा किया। युसुफजइयों के दुश्मन बड़ी कमाई लेकर बाबर की शरण में आ गये। फिर उन्होंने बाबर के कान भरे कि वह युसुफ मलिकशाह सुलेमान के भतीजे अहमद को ख़त्म करे।

अहमद दरबार में हाज़िर हुआ।

बाबर ने तीर साधा, अहमद ने अपना सीना खोला, बाबर को अचरज हुआ। पूछा कि तीर चलने वाला हो तो लोग सीना छिपाते हैं, तुम खोलकर तान रहे हो, बात क्या है?

...*"कमीज़ बड़ी है, शायद इससे आपका निशाना चूक जाए, लोग कहेंगे, आपसे निहत्था सीना भी छेदा नहीं गया। चलाइए, तीर चलाइए।"*

अहमद की हिम्मत पर बाबर खुश हुआ, तीर-धनुष नीचे रखा। फिर अहमद से सवाल किया।

*"उधर हिन्दुस्तान में बहलोल लोदी क्या देता है?"*

अहमद ने कहा... *"घोड़े"*।

*"सिकन्दर लोधी से क्या मिलेगा?"*

*"परिधान"*।

*"बाबर से क्या मिलता है?"* बाबर ने पूछा।

*"बाबर बहादुरों पर जान देता है।"* अहमद का उत्तर।

बाबर प्रसन्न हुआ। अहमद से दोस्ती की, उसके साथ नाचना, गाना, पीना, सब हुआ, उसकी संगत अच्छी लगी।

बाबर के बुलाने पर भी एक दिन अहमद गया नहीं। भाई मंसूर को भेजा। दिल में दरार पड़ी। मंसूर को अपमानित कर लौटाया गया। युसुफजई डर गये कि अब ख़ैर नहीं। मारे दहशत के वे पहाड़ों पर भाग गये। बाबर ने आ कर पूरा इलाका तबाह कर दिया। तबाही के बाद बाबर महुरा आ गया।

लोग ईद मना रहे थे। अकेला बाबर सबसे पूछताछ करता रहा कि अहमदभाई कहाँ है?

सामने वाले तम्बू में बैठी मुबारका इस बेचैन परदेसी को टकटकी लगाकर देख रही थी। शाह सुलेमान की इस बेटी का दिल छद्मवेश में खड़े बाबर को देखकर ज़ोरों से धड़कने लगा था।

दिल की बात कहने-समझाने के कई तरीक़े उस ज़माने में और उस इलाके में भी थे। मुबारका ने दो रोटियों के बीच पके मांस को प्यार से लपेटा और बाबर तक पहुँचाया। परदेसी ने उसे—मुबारका को देखा, दिल में उसके भी उछाल आया। बाबर ने लोगों से खोद-खोदकर उस रूपसी के बारे में सवाल किये कि वह कौन है? नाम उसका क्या है? चरित्र कैसा है? किसकी बेटी है?

बाबर का प्रस्ताव—विवाह-प्रस्ताव युसुफजई को गया। लोग डर गये। दहशत फैल गयी। प्रस्ताव मंजूर नहीं करने का अंजाम लोग जानते थे। प्रस्ताव अपनी जाति बचाने के लिए मानना पड़ा।

मुबारका बेग़म मुबारका बनी, बाबर की रानी बनी। सुहागरात कशमकश वाली थी।

– हाथ जोड़कर मुँह छिपाये मुबारका बेग़म खड़ी थी।
– बैठने को कहा तब हर बार सिर्फ सलाम कर दिया।
– क्या तरीका है कि सुहागरात के मौके पर कोई बुत सी बने रहे, बात आगे न बढ़ाये।
– बेचैनी में बाबर ने खुद घूँघट खोल दिया।

देखकर चौंध गया। हज़ार बिजलियाँ एकाएक जैसे चमक रही हों। रूप का झिलमिलाता हीरा थी।

मुबारका बेग़म ने झुककर प्रणाम करते हुए कहा– *"हुक्म है तो एक अर्ज़ करूँ।"*

बाबर ने कहा– *"फरमाओ।"*

इजाज़त लेकर मुबारका ने अपना दामन उठाकर इशारा करते हुए कहा– *"युसुफजई कौम यहाँ बसती है।"*

बादशाह बाबर ने मतलब समझा। यकीन दिलाया–तुम्हारा दिल और दिल में बसी युसुफजई प्रजा अब मेरी है।

मुबारका बाबर की सबसे प्रिय बेग़म थी। उसे ज़िन्दगी भी लम्बी मिली–अकबर के ज़माने तक विवाह सम्बन्ध के ज़रिये राजनीतिक मज़बूती लाने का सिलसिला बाबर से ही शुरू होता है।

दिल्ली की हालत उन दिनों काफी खराब थी। सुल्तान इब्राहिम खान लोदी आस-पास वाले मुल्कों के साथ संघर्ष में उलझा हुआ था। अन्धेर मची थी। अमीरों का विश्वास और भरोसा इब्राहिम खान से उठ गया था। जनता उसके अत्याचार से बदहाल थी। कई पठान, अमीर व सरदार दूर–गंगा पार जा बसे थे। गुजरात, मालवा, बंगाल, बिहार, बदायूँ त्रस्त विद्रोहियों ने अपने-अपने खेमे बनाये थे। राणा सांगा के नेतृत्व में राजपूतों ने अपना एक संघ बना लिया था। इसी सांगा ने बाबर के साथ हाथ मिलाकर इब्राहिम लोदी को सबक़ सिखाने की ख़तरनाक चाल चली। पंजाब के सुल्तान दौलत खाँ लोदी, उसके बेटे दिलावर खान और अपाक खान ने भी राणा सांगा की तरह बाबर को आमंत्रित करने का दुस्साहस दिखाया। सब दिल्ली की ज़ंज़ीरों से मुक्त होने के लिए बेचैन थे। बार-बार न्यौता गया बाबर को कि आइए, इस इब्राहिम को कुचल डालिए और हमें मुक्ति दिलाए। इब्राहिम लोदी का चचा अलाउद्दीन आलम खाँ लोदी तक, उम्र के सत्तरवें साल, दिल्ली सल्तनत पर नज़र लगाकर, बाबर की मदद चाह रहा था, अतः खुरासान में चल रही तमाम धाँधलियों को ज़्यादा तूल न देते हुए हिन्दुस्तान की पोषक स्थितियों का दोहन करने की सोचकर बड़ी मुश्किल में और हिम्मत से कन्धार को अपने नियन्त्रण में लाया। मोर्चा-बन्दी–भारत मुहिम–की दृष्टि से यह शहर बहुत ही महत्त्वपूर्ण था।

अपने बेटे–कामरान को राजनीति का सबक़ देने के लिए बाबर ने इसी मुहिम के चलते 'मुबैयन' लिखी।

कामरान (बाबर के बेटे) की शादी थी। इस अवसर पर पंजाब शासक दौलत खाँ लोदी का बेटा दिलावर खाँ एलची बनकर काबुल में उपस्थित हुआ। बाबर को अचरज हो रहा था कि इतने दिनों तक इब्राहिम खाँ का नमक खाने वाला दौलत खाँ बेईमानी करके दिल्ली के ख़िलाफ़ क्यों चल रहा है? क्यों बार-बार उसे ख़त्म करने का आग्रह कर रहा है? बाबर का शक़ दूर करते हुए दिलावर खाँ ने बताया–दिल्ली की लोदी सल्तनत को सँवारने में हमने चालीस

साल लगाये हैं। अब इब्राहिम सुल्तान सिकन्दर के अमीरों से बुरा सलूक करता है। कइयों को उसने कटवा डाला है। कइयों को ज़िन्दा जला दिया है। हर तरफ अन्धेर और दहशत का माहौल है। सब बाबर का इन्तजार कर रहे हैं...

भारत पर चौथी और उपांतिम मुहिम में बाबर का टार्गेट था, इब्राहिम लोदी को आलम खाँ की फ़ौज और कुमक लेकर परास्त करना। इस अभियान में प्रायः सभी भारतीय पठान बाबर के पक्ष में आ गये थे।

जय के बाद विजय हासिल करते-करते बाबर दक्षिण की ओर सरहिन्द की दिशा में बढ़ ही रहा था कि मज़बूर हो कर लाहौर लौटना पड़ा। हुआ यह था कि दौलत खाँ को परास्त कर बाबर ने उसे क्षमादान देते हुए उसे बजाय लाहौर के सुल्तानपुर और जलन्धर सूबे हवाले कर दिये थे। दौलत खाँ नाराज़ हुआ था। अब वह कोशिश करने लगा कि बाबर से किसी-न-किसी तरह पिंड छुड़ाया जाए। इसी मक़सद से उसने बाबर से छल की चाल चलना शुरू किया। दिलावर खाँ--दौलत खाँ के बेटे ने बाबर को आगाह किया। बाबर ने फिर दौलत खाँ और उसके दूसरे बेटे अपाक खाँ को पकड़कर कैद कर लिया। वे ज़्यादा दिन बन्द नहीं रहे। रिहा करने पर फिर सुल्तानपुर जाने की बजाय पहाड़ों में भाग गये और हमले का अवसर खोजते रहे। बाबर ने उनका राज्य अब दिलावर खाँ को दिया। तनाव बढ़ रहा था। ऐसी हालत में भारत अभियान मुल्तवी रखना पड़ा। उधर उज़बेक भी बल्ख़ पर बढ़े आ रहे थे।

17 नवम्बर, 1525 को बाबर ने पाँचवीं और अन्तिम भारत मुहिम का आरम्भ किया। हिन्दुस्तान जीतने के सपनों का बाबरी सिलसिला काबुल विजय मतलब 1504 से पानीपत में इब्राहिम को रौंदने तक बाबर के मन में बेटोक चला था।

दिल्ली पर कब्ज़ा करने की उसकी सोच कई कारणों से रुद्ध हो रही थी। बेग़ और सिपाही शक़ कर रहे थे। भाइयों के मन में सवाल उठते थे और बाबर को खुद भी आशंका थी। लेकिन भारत की ज़मीन पर आ बसने का लालच या महत्त्वाकांक्षा अदम्य थी। यहाँ की दौलत का आकर्षण मध्य एशिया के प्रायः हर कबीले के मन में था। भारत में सोना है, चाँदी है, मसाला और कपड़ा जैसी अपार सम्पत्ति है जिसका मोह हमलावरों और शासकों को इधर बरबस खींच ले आता है। बाबर के पूर्वज तैमूर ने दिल्ली को लूटा था। भारी ख़ज़ाना ऊँटों पर लादकर वापस लौटा था। कई दस्तकारों को साथ में ले जाकर अपनी राजधानी की रचना की थी। पंजाब का बड़ा हिस्सा तैमूर ने जीता था। अफ़ग़ानिस्तान जीतने के बाद बाबर को पंजाब पर भी अपना पुश्तैनी अधिकार आकर्षित करने लगा। दूसरी ओर काबुल में अक्सर तंगी का माहौल बना रहता था। फ़ौज, प्रशासन और प्रजा को पोसना मुश्किल था। खर्च ज़्यादा और आमदनी कम थी।

इन सीमित आय के साधनों से बाबर अपनी फ़ौज को और रिश्तेदारों को सुख और सुविधाएँ दे नहीं पाता था, उधर दिल्ली तख़्त बाबर के लिए अड़चन बन गया था। सिकन्दर लोदी की मृत्यु 1517 में हो जाने के बाद इब्राहिम लोदी के हाथों में सत्ता आ गयी थी। महत्त्वाकांक्षा के साथ वह अपने साम्राज्य का विस्तार करने की ठानकर पास-पड़ोस पर आक्रमण कर रहा था। राजपूत और पठान इससे काफी परेशान हो गये थे। दौलत खाँ लोधी और राणा सांगा जैसे राजाओं को भी इस दमन से त्रस्त होना पड़ा।

## पानीपत प्रथम

**20 अप्रैल, 1526**

बाबर पानीपत के मैदान में इब्राहिम खाँ से टकराया, यही पानीपत का पहला युद्ध है। जंग के दिन--लोहे से लोहा टकराने के पहले बाबर इब्राहिम की ताकत, क्षमता और कमज़ोरियों का बारीकी से अध्ययन कर रहा था। यह हाल जानकर उसे युद्ध आसान लगा कि इब्राहिम दो दिन में दो कोस की रफ़्तार से उसकी ओर बढ़ पाता है। निश्चिन्त मन से यमुना के किनारे आ कर बाबर ने सरसावा के पास डेरा डाला। रुककर इलाके भर का मुआयना किया। अपनी फ़ौज गिनी। इब्राहिम की तुलना में बाबर की सेना तादाद में कम थी।

अगले पड़ाव पर सेना और सामान ठीक-ठाक किया। सात सौ के आस-पास अराबें जुटायीं जो अपने पक्ष के बचाव में बाबर की सेना प्रयोग कर सकती थी। इन अराबों को रूमी प्रणाली से रचा गया। हर दो अराबों के बीच छह-सात जाली के ओटे बनाये गये। गोलंदाज इनकी आड़ से सुरक्षित रहकर गोले छोड़कर दुश्मन की फ़ौज को परास्त कर सकते थे। विश्वास हो जाने पर फिर अपने बेग़ों से सलाह-मशविरा किया। जानकार बहादुरों की राय से तय हुआ कि पानीपत के मुहल्ले-मकानों की आड़ लेकर बाकी तीनों दिशाओं से अराबों की पक्की घेराबन्दी की जाए।

बाबर की भारत मुहिम का यह आखिरी पड़ाव था। शहर की बायीं ओर डेरा डाला गया। सामने अराबों और ओटों की कतार लगा दी। बायीं दिशा में खंदक खोद लिए। उन पर झांकड लगा दिये। इनके बीच से सौ-एक सवार आ-जा सकें इतनी जगहें खाली छोड़ दीं। फ़ौज में इब्राहिम की सेना को लेकर, उनकी संख्या जानकर अंदेशा और आंतक दिख रहा था। बाबर ऐसे हालात में यकीन का पक्का था। लोगों की, अपने बेग़ों की फ़तह के लिए हिम्मत बाँध रहा था। मुल्क उसके लिए, उसकी सेना के लिए नया था। यहाँ का अनुभव अजनबी था। अपनी ज़मीन पर लड़ना आसान और अलग होता है।

दुश्मन की फ़ौज लाख से ऊपर थी। हाथी ही हज़ार भर थे। उनके पुरखों का माल और ख़जाना भरा था और ज़रूरत पड़ने पर दिल्ली वाले और लाख भर की फ़ौज आसानी से जुटा सकते थे।

दुश्मन फिर भी बाबर की निगाह में कमसिन था, युद्ध शास्त्र और उसूल-ए-जंग से अच्छी तरह से वाकिफ नहीं था। लगता था कि मैदान में दुश्मन से लड़ने के सबक़ तक उसने पढ़े नहीं हैं, सिर्फ़ चढ़े आ रहा है। प्रतिरक्षा प्रणाली में इब्राहिम बाबर के सामने कमज़ोर था। मैदान में आगे बढ़ना, टिके रहना या मैदान छोड़कर भाग जाना—हर बात योजना बनाकर स्ट्रेटेजी के साथ और तत्परता से करनी होती है। बाबर अचंभित हुआ कि वे इतनी देर तक पानीपत में खंदक खुदाई में व्यस्त थे, अराबों-ओटों की रचना में लगे थे। तब बड़ी आसानी से दुश्मन उन्हें दबोच सकता था पर दुश्मन में युद्ध शास्त्र की समझ नहीं थी। सच में बाबर की जीत में इब्राहिम की अकर्मण्यता का योगदान बड़ा है। चुस्त पर सुस्त की जीत कभी नहीं होती। सुस्त चाहे कितना भी बड़ा हो और चुस्त कितना भी छोटा। बाबर ने प्रतिरक्षा व्यवस्था पक्की और अभेद्य की। फिर टोह लेना शुरू हुआ। बड़े तड़के सूचना मिली कि इब्राहिम अपनी फ़ौज के साथ—पाँतबंद और लैस हो कर आगे बढ़ रहा है।

पानीपत की पहली जंग शुरू हो रही है।

बाबर की दाहिनी ओर हुमायूँ, ख़्वाज़ा कलाम, सुल्तान मुहम्मद दूलदाई, हिन्दू बेग़, वली खाजिन और पीर कुली सीस्तानी तो बायीं ओर मोहम्मद सुल्तान मिर्ज़ा, मेहँदी ख़्वाज़ा, आदिल सुल्तान, शाह मीर हुसैन, सुल्तान जुनैद बिरलास, कुतलक-कदम, जान बेग़, मुहम्मद बख़्शी और शाह हुसैन मुग़ल गानची थे।

कूल की बायीं पाँख में चीन तैमूर सुल्तान, सुलैमान मिर्ज़ा, मुहम्मदी कोकलताश, शाह मंसूर बिरलास, युनुस अली, दरवेश मुहम्मद सारबान आदि और बायीं पाँख में ख़लीफ़ा, ख़्वाज़ा मीर मीरां, अहमदी परवानची, तरदी बेग़, मुहिब्ब अली ख़लीफ़ा, मिर्ज़ा बेग़ तीरखान जैसे योद्धा थे।

रिज़र्व फ़ौज—हिरावुल में राखीव फ़ौज की हैसियत से वक़्त आने पर टूट पड़ने के लिए खुसरो कोकलताश और मुहम्मद अली जंग को रखा गया था। उनके साथ समर्थन के लिए अब्दुल अज़ीज़ मीर आखोर की तैनाती की।

दायीं फ़ौज के तुलगमा में वली किजिल, मलिक कासिम और उसके सिपाही लगाये गये। बायीं फ़ौज में करा कूजी अबुल मुहम्मद नेजाबाज़, शेख़ अली शेख़, जमाल बारीन और तीडरी बेरदी बश्गी मुग़ल तुलगमा पर लगाये गये।

दोनों तुलगमा को आदेश दिया कि दुश्मन जैसे ही पास आ जाए, दोनों ओर से बढ़कर उसके पीछे से टूट पड़ना।

सामना हुआ, बाबर ने देखा कि दुश्मन का ध्यान और जोर दायीं तरफ़ ज़्यादा है, अतः बाबर ने अपनी रिज़र्व फ़ौज को दाहिनी पाँख की कुमक पर लगाया।

इब्राहिम लोदी सामने से झपट रहा था। लपक रहा था। बाबर की फ़ौज कुछ समय के लिए हिल गयी। कइयों में भाग निकलने की सोच उठी। मौका ख़तरनाक लग रहा था।

बाबर ने दोनों तुलगमाओं को आगे बढ़कर तीर बरसाने का हुक्म दिया। बाद में इसी क्रम में बरानगार (दायीं पाँख) व जरानगार (बायीं पाँख) जैसे ही उनके समर्थन में आये—वे आगे बढ़कर अपनी जगह बरानगार-जरानगार के लिए खाली छोड़कर इब्राहिम की फ़ौज पर पीछे से हमला करने के लिए दाहिने तुलगमा बायें और बायें के तुलगमा दाहिने मुड़ कर तीरों की बरसात करते रहे। बायें से मेहँदी ख़्वाज़ा सबसे आगे निकल गया। हाथी पर सवार दुश्मन उसे घेरने लगे पर मेहँदी के तीरों की बरसात ने हाथी सवारों का आक्रमण नाकाम कर दिया। फिर मेहँदी की मदद के लिए कुमक पर कूल से अहमदी परवानची, तरदी बेग़ और मुहिब्ब अली को भेजा। फिर जंग में दायीं ओर भी उछाल आया। मुहम्मदी कोकलताश, शाह मंसूर बिरलास, यूनुस अली और अब्दुल्ला को सामने से भिड़ने का हुकुम दिया।

उस्ताद अली कुली भी कुल से बढ़कर फिरंगी से गोलंदाजी करने लगा। बायीं पाँख वाले मुस्तफ़ा तवाची ने ज़र्बजनों (छोटी तोपों) से भयंकर गोलाबारी की। इब्राहिम को बाबरी फ़ौज ने चारों ओर से घेर लिया। लड़ाई में उबाल आ गया। बहराम का आक्रामक तेवर कमज़ोर पड़ने लगा। प्रतिरक्षा में चोटें करता रहा पर ज़ोर बाबर के सिपाहियों का भारी था। तीर और गोली के निशाने अचूक थे। बहराम घिर गया। लड़ना-टिकना या भाग जाना मुश्किल हो गया।

नौ-दस बजे सुबह के लोहे से लोहा टकराया था। दोपहर तक लड़ाई चरम पर पहुँच गयी। धूल के बादल घने से घने हो गये। पानीपत की यही धूल हर जंग में सिपाहियों की परीक्षा लेती है।

दिन ढलते-ढलते इब्राहिम की फ़ौज की हिम्मत ढलती गयी। बाबर की फ़ौज ने उसकी फ़ौज को काटना, मिटाना और कुचलना जारी रखा, डेढ़-दो पहर की अवधि में दिल्ली सल्तनत के सुल्तान इब्राहिम खाँ लोदी की फ़ौज तबाह हुई। पाँच-छह हज़ार तो इब्राहिम के पास ही गिरकर मर गये थे। दूर-दूर तक लाशों के टीले ही टीले नज़र आते थे। पता चला कि पचास-साठ हज़ार काम आये थे।

इब्राहिम यह लड़ाई ज़ान की बाज़ी लगाकर हारा था। बाबर ने अपने मृत शत्रु का सम्मान बड़े प्यार के साथ किया। इब्राहिम की लाश दफ़नाने के लिए कारचोबी का कफ़न लाया। मिठाइयाँ बनवायीं। खलीफ़ा के हाथों लाश को नहलवाया और जहाँ लाश थी, कब्र उसकी वहीं बनवायी।

लगभग तीन घंटे तक चली इस लड़ाई के बाद बाबर के कब्ज़े में आगरे तक का मुल्क और सुल्तानी ख़ज़ाना आ गया। हिन्दुस्तान के इतिहास ने करवट बदली।

# 2. भाऊ

पुणे में केन्द्रित पेशवाई की गद्दी बाजीराव के बेटे बालाजी बाजीराव ने 1740 में सँभाली। वह महान् योद्धा नहीं था। चचेरे भाई सदाशिव की सहायता से उसने मराठा साम्राज्य को चारों ओर फैलाया। राघोजी भोसले की मदद से पेशवाओं ने पूर्वोत्तर में बंगाल तक और मध्य भारत में भी अपना कब्ज़ा जमाया। ई.स. 1758 में मराठा फ़ौजें पंज़ाब और आगे अफ़ग़ानिस्तान में अटक तक जा पहुँचीं। पेशवाओं की राजनीति में जितनी प्राथमिकता मुहिमें चलाने को दी जाती थी, उतनी प्राथमिकता व्यवस्था, प्रबन्ध और कानून कायम करने को नहीं, मामला ढीला था। इसलिए जीते शत्रु अवसर पाते ही फन उठाकर दोहरी परेशानियाँ पैदा कर देते थे। खिराज की मंजूर वसूली तक कर पाना इन से बन नहीं पाता था।

मराठों ने ई.स. 1754 में दिल्ली आ कर बादशाहत और दिल्लीश्वर का तख़्त कँपा दिया पर मुहिम को वाज़िब कमाई में बदलना उन्हें नहीं आया। वज़ीर इमाद ने 80 लाख रु. खिराज में देने का वादा किया था। दिल्ली में छह महीने डेरा डालकर भी अस्सी लाख में से कुछ नहीं मिला। पेशवाओं ने दिल्ली के दरवाज़े खोलने–खुलवा देने की मुहिमें सफलतापूर्वक चलायीं जिससे अब्दाली जैसों का काम आसान हुआ। पेशवाओं की आक्रामक लड़ाई का मक़सद अक्सर अधूरा रहा। फल नहीं मिला। मेहनत और ताकत व्यर्थ गयी।

दूसरी ओर दिल्ली मुहिम *'सफल'* हो जाने की ख़बर सुनकर राजधानी पुणे में जश्न मनाया गया। सरकारी ख़ज़ाने से दान-दक्षिणा ब्राह्मणों में बाँटी गयी। शनिवार वाडा स्थित प्रशासक, मुग़ल सल्तनत ख़त्म हो गयी, ऐसा मानकर नये हिन्दुस्तान का बँटवारा सूबेदारों के बीच करने में मग्न हुए थे।

महान मराठा सेनानियों के बीच इस दौर में दरारें भी उतनी ही बड़ी और गहरी थीं। जयराम शिंदे और मल्हारराव होलकर के बीच के तनाव को किसी ने कम नहीं किया, लगातार बढ़ने दिया। ढीले प्रशासन ने और मराठा सरदारों के आपसी तनाव ने दिल्ली इलाके में ख़तरनाक नज़ीब खान रोहिला को खड़ा किया।

देश में—भारत में ही नहीं दक्षिण-एशिया में—समुद्रीतट की सुरक्षा प्रणाली का महत्त्व दूरदृष्टि के साथ समझकर छत्रपति शिवाजी ने नौसैनिक बेड़ा पैदा कर बच्चे की तरह पाला-पोसा और बड़ा किया। अंग्रेज़, फ्रेंच, डच, यूरोप से आने वाले विदेशियों की नाकाबन्दी का काम इसी बेड़े के प्रधान तुलाजी आंग्रे नामक एक मराठा के हाथों में था। इतिहास गवाह है कि पेशवा सरकार और अंग्रेज़ों ने मिलकर तुलाजी और शिवाजी के नौसेना बेड़े को उखाड़कर समुद्र में हमेशा-हमेशा के लिए डुबो दिया। तुलाजी का खात्मा कर देने के बाद अंग्रेज़ों को भारत में लूट करने का अलिखित लाइसेंस मिला। अंग्रेज़ इसके बाद बढ़ते गये। बंगाल जीता। अप्रत्यक्ष रूप में उन्हें पेशवाओं का समर्थन ही मिला। नागपुरकर भोसला भाइयों को कलकत्ते जाकर वसूली, बन्दोबस्त या व्यवस्था बनाये रखने, अंग्रेज़ों पर लगाम लगाने के काम से रोका गया या वह खुद इस बारे में उदासीन से रहे। पेशवा सरकार और सरदार इस कठिन परीक्षा की घड़ी में पूजा-पाठ और आपसी तनाव को खोद-खोदकर गहरा करने में मस्त थे और रॉबर्ट क्लाइव अपनी कम्पनी के नाम पर अंग्रेज़ी हुकूमत का झण्डा गाड़ने का काम बंगाल में करने में व्यस्त था। बिना किसी ठोस लक्ष्य, मक़सद या मिशन के दिल्ली में महीनों तक मराठों का बसेरा, दिल्ली के मुसलमानों के लिए असहज अनुभव था। इन मराठा हमलावरों की आचरण शैली छत्रपति शिवाजी की तरह व्यवस्था बनाने की नहीं बल्कि तोड़ने-मरोड़ने की और ऊधम मचाने की थी। बेग़म मलिका ज़मानी ने मराठों के हाथों बादशाह के जनानख़ाने की औरतों को जलील होते देखा था। ऐसी हालत में उसने नज़ीब खान की सहायता लेकर पठान अहमद शाह अब्दाली को आमंत्रित किया। यह कहकर कि मराठों से हम परेशान हैं। हालात खराब हैं। आइये, और हमारा उद्धार करिये।

बुलावा पाकर अहमद शाह अब्दाली 1756 में दिल्ली आया। दिल्ली जीती। दिल्ली को जी भर-भर कर लूटा। मथुरा, वृंदावन, गोकुल में लूट की कमाई की। मराठा सरदार अंताजी माणकेश्वर दिल्ली छोड़कर भाग खड़ा हुआ। शमशेर बहादुर और नारो शंकर जैसे सेनानियों ने पनाह माँग रहे व्यापारियों को भी लूटा। उधर बंगाल में सिराज़उद्दौला मराठों से मिन्नतें करते-करते थक गया कि वे उसे अंग्रेज़ी आक्रमण से बचाएँ। अब्दाली के बंगाल की तरफ़ बढ़ने के आसार थे। अफ़वाहें थीं, उठीं लेकिन वह लूट का माल लेकर वापस लौटा। सिराज़ अकेला घिर गया। चौथ वसूली करार के अन्तर्गत दी जाने वाली सुरक्षा की हामी मराठों ने पूरी नहीं की। मराठों ने वादा तोड़ा। पेशवा सरकार और मराठा सरदार उस दौर में मैसूर और उदयपुर की लूट बटोरने में व्यस्त थे।

अफ़वाह फैल गयी थी कि अब्दाली मथुरा से निकलकर इधर दक्षिण में भी आ रहा है। मराठों के दिल दहशत से हिल गये थे। नादिरशाह के दिल्ली हमले

के बाद भी अफ़वाहें ऐसी ही फैली थीं और दक्खन का मैदान कम्पित हुआ था। प्रजा दक्खन तक सहम गयी थी।

विडम्बना और सच्चाई है कि दो लाख की फ़ौज के साथ शहंशाह औरंगज़ेब महाराष्ट्र के औरंगाबाद शहर में—सीने पर सवार हुआ तब भी मराठा अपनी मस्ती और शान कायम रखे हुए थे। अभी इतने कमज़ोर और डरपोक कैसे बन गये कि हज़ारों कोस दूर के दुश्मन के नाम से उनका दिल खरगोश हो गया?

दिल्ली से आगरे तक की खेती, फ़सल, खज़ाना—सब कुछ चुगकर चिड़िया अब्दाली के वापस अफ़ग़ानिस्तान उड़ चली जाने के बाद रघुनाथ राव पेशवा दिल्ली में आ पहुँचे। नज़ीब खान रोहिला—जिसे अब्दाली ने दिल्ली सौंपी थी, को हटाया, हाथ आ गयी लूट, लूटी—जलील की गयी बेकसूर दिल्ली। बेहतर होता कि चौथ करार के अन्तर्गत सिराजउद्दौला के बचाव में रघुनाथ राव उधर बंगाल में चले जाते। किस्मत और करतूत—पेशवाओं की खराब थी कि वे गलत रास्ते से चलकर गलत मकाम पर आये और गलत काम में खो गये।

दिल्ली की सत्ता अहमदशाह ने नज़ीब खान के हाथों यूँ ही नहीं सौंपी होगी। हिन्दुस्तान में रहे बिना भी अहमदशाह ने अपने बराबर की कूवत व निकट वाले चालाक और बेहतरीन क्षमता रखने वाले पठान की तैनाती काफी भरोसे के साथ की होगी। राघोबा ने आ कर दिल्ली को नज़ीब के हाथों से फिर छीन लिया। नज़ीब ने इस पर खासी चाल चली। मल्हारराव होळकर के साथ रिश्ता बढ़ाया। बहकावे में आ कर मल्हारराव उसे अपने पुत्र समान मानने लगा। मराठों के बीच और एक दरार पड़ी। राघोबा दिल्ली के बाद अब्दाली के इलाके में गये। पंजाब को फिर अपने हाथ में लेना चाहते थे। वज़ीर गाज़िउद्दीन (2) से राघोबा ने पंजाब सूबे का आधा महसूल पेशवाओं को देने की सुलह की और लाहौर की ओर बढ़ गया। रास्ते में मेरठ जीता, सहारनपुर जीता, रोहतक जीता। हर कदम पर उसे जीत मिली। मल्हारराव होळकर अपनी सेना के साथ सरधना के पास आ कर राघोबा से मिला। इस समय मल्हारराव की कृपा पाकर नजीब खान गंगा पार जाकर मौके का इन्तज़ार कर रहा था। रघुनाथ राव के लिए यह सुनहरा मौका था—करतब दिखाकर नज़ीब खान को पूर्णतः परास्त या ख़त्म करने का। बजाय इसके राघोबा अपनी फ़ौज लेकर पेशवा सरकार के निर्देश में उत्तर—और उत्तर की ओर—वीरान, पहाड़ी इलाकों की तरफ़ बढ़ता गया।

फरवरी, 1758 में पंजाब में उतरकर मराठों ने समदखान सूबेदार के ख़िलाफ़ मोर्चा बाँधा। कुरुक्षेत्र तीर्थाटन के लिए आयी होळकर की रिश्तेदार महिलाओं को इसी समदखान ने त्रस्त किया था। मराठों को समदखान के ख़िलाफ़ की जंग में जाटों और आदिनाबेग़ ने मदद की। अप्रैल, 1758 में, मराठा फ़ौज के कब्ज़े में लाहौर आ गया।

पुणे से फर्मान पाकर मराठों की फ़ौज लाहौर से वापस लौटी—पुणे की तरफ़। हाथ खाली थे, वादे बड़े-बड़े थे। राजस्व वसूली की व्यवस्था अत्यन्त कमज़ोर थी। जीत और अधीनस्थ जान गये थे कि बड़े-बड़े वादे करके मराठों से पिंड छुड़ाना बेहतर है। वादा तोड़ने पर मराठा कुछ बिगाड़ नहीं सकते। ऐसे में सुलह, वादे और करारनामे बड़े-बड़े करने में हर्ज़ क्या है। इस अटक तक के अभियान में कोशिश मराठों की अब्दाली को (बेवज़ह) उकसाने की रही। लाहौर में अपने प्रवासकाल में पेशवा सरकार के नाम लिखे इस पत्र में कहा गया है—

*"लाहौर, मुल्तान, कश्मीर आदि सूबे अटक के इस पार के हैं, यहाँ प्रशासन और व्यवस्था कायम करना है। कुछ काम पूरा किया है और बचा हुआ भी जल्द ही पूरा कर दूँगा। सरकार की फ़ौज ने अहमद खान अब्दाली के पुत्र तैमूर सुल्तान व जहाँ खान का पीछा किया और उनकी फ़ौज को लूटा। अपनी बची-खुची, थोड़ी बहुत फ़ौज के साथ जहाँ खान व तैमूर खान पेशावर तक जैसे-तैसे पहुँच पाये। यह अब्दाली ईरान के बादशाह पर भी चढ़ाई कर चुका था। जवाब में ईरान के बादशाह जवाहर शाह ने कार्रवाई कर अब्दाली की फ़ौज को लूटा। इसमें से अब्दाली बारह-चौदह हज़ार की फ़ौज बचाकर इस्फहान से इधर कन्धार आ पहुँचा है, पीछे उसके ईरानियों की फ़ौज पड़ी है। जबरस्त खान व मुकरब खान जैसे सरदार और ज़मीनदार अब्दाली के शासन में थे, वे भी हंगामा मचा रहे हैं, इधर उनसे प्रस्ताव आया है कि उन पर मेहरबानी हो और अब्दाली को तंबी भरी जाये। अब्दाली चारों तरफ़ से घिरा हुआ है। वह इस वजह से सन्तुलन खो बैठा है। इसी कारण उसे हिरात में भी चैन नहीं मिलता।*

*"मतलब अब्दाली का ज़ोर उधर भी कमज़ोर पड़ा है, लगता है कि उसकी सहायता कोई करना नहीं चाहता। ईरान के बादशाह ने उसे हैरान किया है, इसलिए इधर से ज़ोर लगाकर पेशवाई शासन अटक के पास ले जाना उचित होगा। अहमद खान अब्दाली का भतीजा और उसका वारिस अब्दुल रहीम खान पेशवा की शरण माँगने आया। उसे आपने हमारे पास भेजा। उसे अपना डेरा डालने के लिए अटक के आस-पास का मुल्क—काबुल पेशावर का मुल्क—बहाल करेंगे। सरहिन्द स्थित अब्दुस समद खान बर्ख़ास्त हो चुका है। उसकी फ़ौज मिलाकर व ईरानियों का साथ लेकर अभियान चलेगा। ईरानी अपने बादशाह की पैरवी और रक्षा करेंगे। आपकी कृपा से अब्दाली ठिकाने लगेगा। उसको परास्त कर पेशवा अमल अटक के पार लागू होगा। लाहौर प्रान्त राजश्री रेणको अनाजी व रायाजी सुखदेव के हवाले किया है। इसी सन्दर्भ में गोपालराव गणेश का भी पैग़ाम मिला है। वे भी वहीं रहेंगे। अलावा इनके और भी फ़ौज यहाँ रखी जायेगी। आपकी मेहरबानी से व्यवस्था उत्तम ही होगी। इसी सिलसिले में ईरान के शाह ने भी हमें और मल्हारराव को लिखित न्यौता देकर कन्धार बुलाया है,*

*अब्दाली का बन्दोबस्त कराने का और अटक तक अपने सीमा विस्तार का प्रस्ताव किया है। काबुल का सूबा आपकी मेहरबानी और मर्ज़ी के अनुसार आपके भेजे अब्दुल रहीम खान को दिया जाएगा। फ़ौज आदि की सहायता भी की जाएगी। अटक पार के काबुल-कन्धार सूबों पर अकबर से आलमग़ीर तक हिन्दुस्तान के कब्ज़े में थे। हम उन्हें ये मुल्क क्यों दें? फिलहाल काबुल सूबा हवाले कर रहा हूँ। इस सूबे की उसे भी खास दरकार नहीं। उसका अमल ईरान में होगा। हम कन्धार पर नियन्त्रण पाकर उसे अच्छा-सा जवाब भेज देंगे। लटी, जम्बूदीप, कश्मीर आदि से तमाम दूत आ चुके हैं। अटक के इस पार की कोशिश की जा रही है। उस पार कुछ करना फिलहाल सम्भव नहीं है। छोटे-मोटे प्रयास जरूर होंगे। जल्दी में जितना बन सके, पूरा करूँगा। अगली बार मुहिम लेकर जो कोई आएगा, वह बचा हुआ कार्य पूरा करेगा, राजस्व की दृष्टि से मुल्क दो-चार करोड़ से कम नहीं पर ज़मीनदार पक्के हैं, करार की खिराज नाममात्र की है। पच्चीस लाख के मुल्क से एक-दो लाख की वसूली मुश्किल है। ऐसी हालत में आपकी आज्ञा के अनुसार वापस लौट आने का निर्णय किया है। ऐसी स्थिति में जो बन पायेगा, वह अवश्य करूँगा, ज़्यादा परेशान नहीं करूँगा। इस सूबे में अब मुग़ल आदिना बेग नेक और सक्षम है। उसी को यहाँ के सभी अधिकार दिये गये हैं। लाहौर-मुलतान भी उसी के हवाले किये गये हैं। व्यवस्था लागू करने में यह साल जायेगा। इसके बाद का साल और मुश्किल होगा। दो-तीन साल के बाद हालात सुधरेंगे।"*

इस अभियान चक्र के दूसरे राउण्ड में दत्ताजी शिन्दे, साबाजी, तुकोजी, खण्डोजी, अब्दुल रहमान को साथ लेकर मराठा फ़ौज अब्दाली पर हमला करते-करते पेशावर तक गयी। साल 1758-59 का था। मौसम सर्द था। मराठों के लिए ऐसे मौसम का सामना करने का यह पहला अनुभव था। मुल्क़ पराया था। वहाँ की ज़बान समझ में नहीं आती थी। साथ में फ़ौज दस हज़ार की थी। पेशवाई के काल में मराठों का राज-विस्तार अटक तक फैल गया। एक तरह से यह फैलाव—पैताने तकिया लेकर सिरहाने पत्थर डाले फैलना था।

पेशवाओं के साम्राज्य की नींव कमज़ोर थी। विस्तार की यह लहर जितनी तेज़ी से उठी थी, उतनी ही तेज़ी के साथ वापस लौट गयी। बिना आस-पास के प्रदेश और खासकर दक्षिण में अपना शासन कायम और व्यवस्थित किये उत्तर में नर्मदा के पार आ कर दिल्ली की राजनीति में दख़ल-अंदाज़ी एक राजनीतिक भूल थी। दिल्ली से भी आगे और आगे बढ़कर सरहिन्द पार करना महाभयंकर गलती थी। राजनीतिक स्तर पर अब्दाली ने मराठों का प्रत्यक्ष कुछ नहीं बिगाड़ा था। कोई नुकसान नहीं किया था। कोई टंटा नहीं था। फिर भी बिना वज़ह अहमद शाह को उकसा-उकसाकर दुश्मनी घनी कर दी। ऐसी ज़मीन के लिए,

उस मुल्क के लिए जानें ख़तरे में डालीं, जहाँ बस पहाड़ ही पहाड़ हैं, नंगे पहाड़ और विषम हालात हैं, अपना वतन हज़ारों मील दूर है। लगभग एक साल तक मराठों की फ़ौज अटक पार रही और अब्दाली को हरा-हराकर लौटी। पेशवाओं की सलाह थी कि दत्ताजी लौटते वक़्त पंजाब में रुकें और प्रशासन कायम करें। दत्ताजी ने बात अनसुनी की। यह मुल्क मल्हारराव की निगरानी में था। किसी और के जूठे थाल में सेवन करना दत्ताजी ने पसन्द नहीं किया बजाय पंजाब में रुककर पश्चिमोत्तर सीमा भक्कम करने के, वह पूर्वोत्तर भारत-बंगाल की तरफ गया। अब्दाली नामक हमलावर को परेशान करने का अच्छा और सफल प्रयास पंजाब में सिक्ख कर रहे थे। दत्ताजी की कुमक पाकर यह प्रतिरोध यकीनन अटूट हो जाता पर दत्ताजी का मत और किस्मत उसे अलग दिशा में ले गयी।

मल्हारराव और दत्ताजी के बीच की अनबन, तनाव, दूरी और दरार, ईर्ष्या-विरोध अन्य मराठा सरदारों में भी बढ़ी थी। राघोबा की मल्हारराव सुनता नहीं था। मल्हारराव की बात दत्ताजी जान-बूझकर अनसुनी कर देता था। एक दिन वह मैदान में खेत हो गया। ऐसी असंगत, नेतृत्वरहित व दिशाहीन राजनीति का अंजाम पानीपत का तीसरा युद्ध भी है।

दत्ताजी शिन्दे की बुराडी घाट पर—पानीपत के पास नज़ीब खान की सेना के हाथों हुई मृत्यु से पेशवा सरकार पुणे में दहल गयी। कई जांबाज़ मराठा योद्धाओं को नज़ीब खान रोहिला ने पानीपत में होने वाली जंग की पीठिका का नज़ारा दिखाया, मौत के घाट उतार दिया। इस घड़ी में दत्ताजी के साथ कदम मिलाकर चलने की आज्ञा मल्हारराव पाल न सके। उसकी ही नहीं, समूची मराठा फ़ौज में अहमदशाह अब्दाली की दहशत फैल गयी थी...*"अब्दालीच्या तोंडावर कोणी जुर्रत करुन जाईल से दिसत नाही व जिकड़े हे पलतात त्याच रोखी तो ही येतो। त्याची धून तो, यैसी आहे की चमले पार यांस पिटून आपण व माधोसिंग व अयोधेकर व जाट एकत्र होऊन उजेनीपर्यंत यावे।"*

दत्ताजी शिन्दे की हार और मौत गम्भीरता से न लेकर अब्दाली को मज़ाक समझने वाली होळकर की टुकड़ियों को 1760 के मार्च महीने में सबक़ मिला कि अब्दाली अहमदशाह छत्रपति शिवाजी की शैली में छापामार तरीके से लड़ने की भी योग्यता रखता है। नज़ीब खान इसी कारण अहमदशाह को हिन्दुस्तान बुला लाया था।

पानीपत की इस मुहिम का नेतृत्व पेशवा ने सौंपा था—सदाशिवराव भाऊ—अपने चचेरे भाई के कन्धों पर। इस समय भाऊ की उम्र थी 30 साल। अब्दाली 36 का था। नज़ीब इन दोनों से बड़ा—चालीस साल का था। पेशवा नाना साहेब भी चालीस की उम्र में था। राघोबा और शुजा 26 के थे।

अब्दाली उदीयमान स्वराज्य का प्रणेता और कुशल सेनापति था। अपने ज़माने का दुनिया में वह श्रेष्ठ योद्धा था। उसने नादिरशाह की मुहिमों में साथ रह-रहकर युद्ध शास्त्र और राष्ट्रीय महत्त्वाकांक्षा अपने अन्दर उन्नत की थी। ऐसी कौम के साथ–जिसका नेतृत्व कोई शिवाजी या अब्दाली जैसा संगठक हो–उलझना महारथियों के लिए भी चुनौती होती है। जब ज़रूरत पड़ी, फ़ौज में आ कर सिपाही का काम किया और फिर अपनी खेती में लौटे–इस प्रकार की फ़ौज मराठों ने रची थी। इन पार्ट-टाइम फ़ौजियों को दूर तक दिल्ली और आगे के मुल्क़ में जाकर लम्बी दूरी और अवधि तक मैदान में डटे रहना मुश्किल था। स्वभाव मराठों का यह नहीं था। दूसरे, लम्बे अभियान का प्रतिकूल भार राजस्व व्यवस्था पर भी पड़ता गया।

पेशवाधीन मराठा फ़ौज एक दिशा में, एक रास्ते से, एकतंत्र से, एकत्रित चल नहीं रही थी। *"आगे बढ़ो, हम रास्ते में मिलते हैं ..."* का हवाला देकर आगे बढ़ने वाला आगे बढ़ता और आने वाला कब आएगा इस इन्तजार में दुश्मन को मार गिराने का सुनहरा मौका बार-बार गँवा देता। दत्ताजी शिन्दे की मृत्यु होळकर के इन्तज़ार में ही हुई।

व्यवस्था कायम न करने से जनता का भरोसा मराठों पर से उठ गया। राजपूत माधोसिंह और नज़ीब ने अहमदशाह को बुलावा भेजा। पानीपत ने तीसरा सबक़ दिया कि आत्मग्लान समाज या संगठन को होश में लाने के लिए कोई-ना-कोई योद्धा ही सही, अवतरित होता है।

छत्रपति शिवाजी की आक्रामक लपक, प्रशासन प्रबन्ध, लोक-कल्याण की भावना पेशवा दरबार में आ कर मराठों ने पूरी खो दी। सदाशिवराव भाऊ की हिम्मत बढ़ी, जोर चढ़ा। अहमदनगर के निज़ामअली के तोपची इब्राहिम खान को अपने खेमे में साथ लेकर भाऊ उत्तर की ओर चला और दक्षिण में सब ढीला पड़ गया। श्रीरंगपट्टनम हैदरअली ने छीन लिया। सूरत, मैसूर और जंजीरा हाथ से निकल गया। पैसा, चौथ–मुनाफ़ा बटोरना, पुणे सरकार का मक़सद–उद्देश्य या विज़न था–मिशन था। हिन्दवी मतलब इस देश की प्रजा का राज-स्वराज और कल्याणकारी व्यवस्था कायम करने की बात इस दौर में मराठा भूल गये थे। भाऊ के सामने पानीपत की ओर बढ़ते वक्त भी कोई विशेष उद्देश्य नहीं था। मिशन की ओर बढ़ने की–विज़न प्राप्ति की ललक-लपक में–रफ़्तार में–आँधी में और व्यापक स्तर के हित में बदलती है। भाऊ की रफ़्तार बड़ी धीमी थी। दुश्मन की तुलना में मराठों के पास का बारूद और बन्दूकें संख्या में कम और कमज़ोर थीं। दुश्मन के सिपाही मराठों को दूर से ही चुन-चुनकर मार डाल सकते थे। भालेराव मराठा सिपाही को तलवार या भाला मारने के लिए दुश्मन के पास जाना ज़रूरी था। दूर से मराठों की टोह लेना, अहमदशाह की सफल

स्ट्रेटेजी थी। नज़र तेज़ थी उसकी और पास में दुरबीन भी। मराठों ने पानीपत तक दुरबीन देखी ही नहीं थी। दुरबीन से दुरबीन की दूरी देखना तो दूर। जनहित और प्रजा की व्यवस्था से कोई सरोकार मराठा फ़ौज को नहीं था। एक मुनीम की हैसियत से दिल्लीपति की सेवा और सुरक्षा का बन्दोबस्त करना मात्र इस मुहिम का लक्ष्य था।

भाऊ आगे बढ़ रहा था। रसद ख़त्म हो रही थी। खाने-पीने तक के लाले फ़ौज में पड़ने लगे।

पहला बाजीराव जितनी दूरी एक दिन में तय करता था, उतनी दूरी काटने में भाऊ को हफ़्ता-हफ़्ता लगने लगा। एक सेनापति और संगठन प्रमुख की हैसियत से भाऊ ने अपने एक पत्र में अब्दाली की चुनौती की थाह लेने—SWOT—विश्लेषण के लिए गोविन्द पन्त से पूछा है...

*"अब्दालीस येथे आलियावरी पैका काय मिळाला व त्येचा बराबर खर्च त्याचा किती आहे? खास फ़ौज त्याचे देशची किती? कोण-कोण सरदार? किती जुमलेदार? नजीब खान व रोहिले वरकड किती? पायाचे माणूस किती? तोफा किती? कशा आहेत? सेर जाहले, बुणगे लाविले, ते कोठे गेले? याची काय तजवीज आहे? मुलकांत अम्मल कोणत्या जागा कसा आहे? हे कुल वर्तमान बारीक-बारीक कळावे असे जरूर करणे।"*

भाऊ ने यमुना पार कर आगे बढ़ने में किसी-न-किसी वज़ह से देरी की। बाढ़ पर आयी नदी को योद्धा किसी-न-किसी तरह से पार करते हैं। भाऊ ने बाढ़ के उतरने के इन्तज़ार में कुछ दिनों की अवधि बर्बाद की। इधर छोड़ा हुआ साँप घात लगाकर फन उठाकर डस लेने के इन्तज़ार में अनुशासित खड़ा था।

रसद टूट गयी। पास में जो था, ख़त्म हो गया। भाऊ ने दिल्ली के आस-पास वालों से सहायता और टाइ-अप की गुहार लगायी। न मुसलमानों ने सुनी, न हिन्दुओं ने, मराठे नंगे बदन और भूखे पेट, तलवार-भाले का बोझ उठाये लड़ने के लिए बढ़ रहे थे।

पानीपत में आ कर भाऊ की फ़ौज में अभाव का क़हर चरम पर पहुँच गया। उस ज़माने के रुपये में बाल्टी भर पानी खरीदने की नौबत आ गयी। भाऊ युद्ध जीतेगा, इस बात पर आशंका होने लगी। व्यापारियों ने कर्ज़ देना मुनासिब नहीं समझा। चम्बल के मैदान में नन्ही सी '*गम्भीरा*' नदी में बरसात के कारण बाढ़ आयी। भाऊ एक महीने तक उसे पार नहीं कर पाया। एक और महीने का वक़्त बर्बाद हुआ।

अफ़गान पठान अहमदशाह अब्दाली मराठों के छत्रपति शिवाजी की शैली में युद्ध लड़ रहा था। मराठा इस दौर में अपनी मुहिमें उत्तराकालीन मुग़ल प्रणाली की जंग लड़ रहे थे। लड़ाई की मुहिम में, मैदान तक में पूजा-पाठ का सामान, शॉपिंग मॉल

(बाज़ार), ऐशो-आराम की चीज़ें, सुखकारक व सुविधावर्द्धक वस्तुएँ, कर्मकांड और धार्मिक विधि—उत्सव पूरा करने का साजो-सामान, रंगा-रंग कार्यक्रम करने के साधन—कलाकार, बाल-बच्चे—मतलब औरतें और बच्चे भी पीठ पर लादकर मराठा फ़ौज पानीपत की जंग लड़ने निकली थी। अकेला सिपाही नदी और समन्दर पार करने की हिम्मत दिखा सकता है। लेकिन ऐसा क्रिटिकल वक़्त आये और पीछे बीवी हो—बच्चे भी बिलखने लगें तो फ़ौजी की हिम्मत पंचर हो जाती है।

पानीपत मुहिम पर तंगी के दौर में भाऊ ने गोविन्द पन्त को रसद और सिपाही भेजने की माँग की है। बारूद, बन्दूकों और तोपों की सप्लाई करने की आवश्यकता के साथ-साथ भागीरथी के पानी से बना गुलाबपानी इत्र मनों में, गंगा का पानी कावड़ों में भेजने की फ़रमाइश भी सेनापति अपनी मुहिम के दौरान करता है।

पूजा-पाठ, संस्कार, व्रतादि, श्राद्ध और तीर्थयात्रा के कार्यक्रम पानीपत मुहिम की योजना का एक हिस्सा था। अतः इस कार्य के लिए योग्यता व पात्रता प्राप्त याज्ञिकों-पुराणिकों का कबीला भी फ़ौज को अपने कन्धे पर—अपने बाल-बच्चों समेत सँभालना पड़ा।

इस मुहिम को—एल.टी.एस. यात्रा समझकर भाऊ की बीवी पार्वतीबाई, नाना फडणीस की पत्नी और माँ, बलवन्तराव मेहेंदले की बीवी और लड़का, विट्ठल शिवदेव, मानाजी पायगुडे—प्रायः हर सरदार ने अपना परिवार साथ में लेकर अहमदशाह के ख़िलाफ़ लड़ने का प्लान बनाया था। जिनके परिवार नहीं थे, उनकी सेवा के लिए नायकिणों-कुणबिणों को साथ रखा गया।

बीच रास्ते में आने वाले तीर्थक्षेत्र या मेलों के लिए मुहिम ने रुककर अपनी नियत दिशा मोड़ ली। कभी सूर्यग्रहण का बहाना बना, तो रुक गये। रुकने का छोटा-सा बहाना भी इस मुहिम में चली फ़ौज ने व्यर्थ नहीं गँवाया।

इन हरकतों को रोकने—नियंत्रित करने वाला कोई कमाण्डर न मुहिम में था न तत्कालीन सरकार में।

उधर पुणे में नाना का विवेक क्षय हो रहा था। उसकी ओर से बार-बार लिखा गया गोविन्द पन्त को कि...

*"अच्छी जात वाली, अच्छी-अच्छी दो-तीन जवान लड़कियाँ भेजने का इन्तजाम करो।"*

नाना साहेब पेशवा मानसिक व शारीरिक रूप से कमज़ोर, बीमार, शौकिया, रंगीला और बदहाल हो रहा था। भाऊ के हालात खस्ता थे। मुहिम तंग हो रही थी और रास्ते में बार-बार भटक या अटक रही थी।"

जनता और राजपूत-मुसलमान आदि शासक मराठों के साथ नहीं थे। अनुशासनहीनता फैलाने वाली इस कौम को अब्दाली ठिकाने पर लगाये, इस आशय की चाह प्रायः सभी के मन में थी।

*'काम बन्द'* के अघोषित नारे छोटी-छोटी बात पर इस मुहिम में मराठों द्वारा सफलतापूर्वक अमल में लाये गये। कभी श्रावण के अधिक महीने की दलील दी, कभी श्राद्ध का महीना आ गया। आषाढ़ में यात्रा और मेले सजे, रासलीला का उत्सव मना—मुहिम की सफलता का अनुमान ऐसी बेहोश और व्यर्थ की हरक़तों के बाद क्या लगाया जाए? बाल-बच्चों में घिरी फ़ौज कैसे लड़ेगी, कोई भी बता सकता है?

दिल्ली सल्तनत पर मराठों ने बार-बार कब्ज़ा किया पर जेता हो कर भी जीत से भी दीन हालत में मराठा फ़ौज रही। नाम, दायित्व और अपेक्षाएँ जेता से बड़ी होती हैं।

मुहिम में बार-बार की भटकन से वक़्त बर्बाद हुआ। फ़ौजी थक गये। तोपवाहक बैल कमज़ोर हुए, थक गये या मर गये। अब्दाली अपने हर साधन को—रिसोर्स को—गोला-बारूद, सिपाही, वक़्त, नेतृत्व, सूझ-बूझ और कंजूसी के साथ जतन से प्रयुक्त कर रहा था।

रैयत-प्रजा का किसी पर भरोसा नहीं रहा। उगाई फसल कौन काट ले जाए। क्या पता, दिया गया ऋण लौटाने वाला बचे या नहीं—इस प्रकार के अनिश्चय ने किसानों, व्यापारियों को अकर्मण्य बना दिया।

पैसा नहीं, अनाज नहीं, स्वस्थ फ़ौज नहीं, फ़ौज में एकात्मकता नहीं। आपस में आदर और आस्था नहीं। पेट का रोना रोने वाला सेनापति किस मुँह से अपनी फ़ौज को मैदान जीतने की हिम्मत और प्रेरणा देगा?

बाढ़ आयी *'गम्भीरा'* नदी के सामने खिन्न मन से भाऊ ने हताश हो कर लिखा—*"दिल्लीकडे दंगा जहाला यामुले इकडील सावकार परागंदा जहाले। कर्जवाम कोठे पैसा मिलत नाही। स्वामीच्या प्रतापेकडून पठाणाचे पारपत्य लौकर जहाले म्हणजे सर्व गोष्टी उत्तम आहेत। जिकडे कामास जावे, तिकडे मिळवावे, खावे। रड ल्याहावी उत्तम नाही—यंदाचा मनसबा विलक्षण, यास्तव लिहिले। नाहीतर घरचा पैसा खावा तो फार वाइट वाटतो। इलाज नाही। यास्तव सेवेशी लिहिले आहे।"*...**(मई, 1760)**

मुहिम में शामिल दूसरे एक सेनानी बापूजी बल्लाल ने लिखा—*"लश्करात मोठे-मोठे माणसांत फाके जातात। घोड्यास दाणा ठाऊक नाही। लश्कर गलाले। कर्ज कोठे मिळत नाही। अशी तवाई आजवर गुदरली नव्हती। घोड्या-माणसांत जीव राहिला नाही...परिणाम कठिण दिसतो। याचमधे सर्वांची आबादी दिसोन आली। सर्व गोष्टीने असे साल पाहिले नव्हते।"*

नाना फडणीस का कहना है—*"पोटास नाही। घोडी दाणा खावयास विसरली। माणसास अन्न मिळता कठिण दिवस। कर्ज कोठे मिळत नाही। महिनाभरात*

*यमुनेचे पाणी उतरेल। लड़ाई मातबर व्हावी असा विचार दिसतो। अब्दाली मधे दम दिसतो। आपली सारी फ़ौज एकदिल आहे।"*

और बलवन्तराव मेहेंदले ने लिख रखा है कि... *"हम जैसों ने पेट के लिए पास के गहने-चीज, वस्तु बेच-बेचकर खायी।"*

बड़ी चालाकी के साथ नज़ीब ने युद्ध जीतने के लिए एक चाल चली। फ़ौजियों को भड़काया कि यह युद्ध मामूली जंग नहीं बल्कि ज़ेहाद है। इस्लाम की रक्षा में हर सिपाही को मराठों पर टूट पड़ना है। नज़ीब के इस आह्वान ने उसकी फ़ौज पर जादुई असर डाला। राजनीतिक दाँवपेंच में मराठा हार गये। राजपूत या जाटों-सिखों तक को अपने साथ ले नहीं पाये। गाँठें और अकड़ उनमें हर जगह थी। पकड़ हर जगह ढीली थी। फ़ौज में और सरकार में आचरण की कोई संहिता थी नहीं।

एक शक़ था प्रजा में कि अब्दाली मारा जाता है, तब भी मराठा लोग अच्छी व्यवस्था कायम कर पायेंगे? उनके हित, वित्त और जीवित की मराठों से क्या गारंटी है? बेहतर होगा कि अब्दाली मराठों की कमर भी तोड़े और हमेशा की तरह लौट भी जाए।

पानीपत की जंग के कुछ ही पहले कुंजपुरा की लड़ाई में मराठों की जीत हुई। पाँच-सात लाख रुपये और लूट मिली। अब्दाली विचलित नहीं हुआ। पक्का स्ट्रेटेजिस्ट था। छोटी-छोटी लड़ाइयों में सिपाहियों—जानवरों की ताकत, गोला-बारूद बर्बाद न करते हुए परीक्षा की...मैदान में होने वाली अन्तिम लड़ाई के लिए अपने आप को, फ़ौज को और संसाधनों को सही-सलामत सुरक्षित रखा।

कुंजपुरा की फ़तह के बाद भाऊ सोलह कोस दूर जाकर कुरुक्षेत्र दर्शन और तीर्थविधि करके दिल्ली के लिए निकला।

यमुना ने अहमदशाह को भी रोका पर वह माना नहीं, हिम्मतसिंह जाट, गुलाबसिंह गूजर जैसे स्थानिक लोगों की ही मार्गदर्शक सहायता ली। बाढ़ में दोनों पार में खूंटे ठोंके—दलदल में सिपाही फँसते देख किनारे उगी घास काट-काटकर फ़ौज के लिए रास्ता बनाया। बनी राह से फ़ौज ने यमुना पार की। मराठों की फ़ौज ऐसी घड़ी में रुककर प्रार्थना और नदी की वन्दना मात्र करती कि वह उन्हें पार लगा दे...

लड़ाई तय तो थी—पर कब, कैसे, किस-किस से, किसलिए, कहाँ होगी—मराठा फ़ौज और खुद भाऊ को भी पता नहीं था। पानीपत इलाके में फ़ौजें आ उतरी थीं।

ऊँचाई पर स्थित इस गाँव के दक्षिण में पहाड़ी ढलान है। सात-आठ मील दूरी पर यमुना नदी है। उत्तर में ऊँचाई वाला भाग है। तत्कालीन बादशाही मार्ग पानीपत में से पूरब की दिशा से हो कर जाता था।

रोज़-रोज़ दुश्मन से उलझना, छोटी-छोटी लड़ाइयाँ करना अहमदशाह ने टाला, इससे फ़ौज की ताक़त कम होती है। इसलिए वह मराठों के डेरों से अपनी फ़ौज को सात-आठ मीलों की दूरी तक रोक रखता था। फ़ौज उसकी आपस में अन्तर रखे बिना—कदम-से-कदम मिलाकर चलती और चलती रहती थी।

मराठों की व्यवस्था अजीब और उलटी थी। टुकड़ियों के बीच का अन्तर कोस-कोस हुआ करता था। इन टुकड़ियों में मेल-जोल बनाना सम्भव नहीं था। समन्वय मुश्किल था। एकात्मकता और एकदिली नहीं हो सकती थी।

अब्दाली मराठों की इस युद्ध-नीति और स्ट्रेटेजी की टोह लेता रहा। राय उसकी बनी कि सब अच्छे तलवारबाज़ हैं पर बिना कमाण्डर के बेकार हैं। बिखरे हुए ये सेनापति मेरा कुछ बिगाड़ नहीं सकते। मराठों की प्रकृति किसी के आदेश के अनुसार चलने की नहीं थी। कमाण्डर करता भी तो क्या करता।

**जनवरी, 1761**

मुहिम में अटक-अटककर चलने के कारण कार्रवाई का कॅलेण्डर टूट चुका था। महाराष्ट्र और दक्खन में मौसम और रिवाज़ के अनुसार कपड़ों में पूरा जिस्म ढँक लेना आवश्यक नहीं होता। अहमदशाह और पहले बाबर ने भी इस पर अचम्भा व्यक्त किया था। उन्हें नंगे पीठ सिपाहियों पर दया आती थी।

दिल्ली इलाके में पानीपत मैदान की सर्दी—जनवरी में जानलेवा थी। मराठा फ़ौज के साथ ओढ़ने-पहनने का आच्छादन नहीं था। घास-फूस जलाकर सेंक लेना सम्भव नहीं था। हमलावर अब्दाली ने उनकी यह रसद भी जला दी थी। खन्दक से निकलकर सिपाही सूखी लकड़ी ढूँढ़ने निकलते तो अब्दाली के सिपाही उन्हें भून देते।

मराठों ने प्रतिरक्षा में खन्दक बनाये थे। ऐसे खन्दक के अन्दर महीनों तक—एक ही सँकरी अँधेरी जगह रह-रहकर बैल, घोड़े और बीमार हो गये। सिपाहियों को अपने और बाल-बच्चों सहित तमाम जानवरों के मल-मूत्रमय कीचड़ में साँस लेना तक दूभर हो गया था। हवा की दिशा मराठा छावनी की ओर थी। अब्दाली छावनी की दुर्गन्ध भी मराठों की अपनी दुर्गन्ध में घुली। भाऊ ने अब्दाली से अनुरोध किया कि वह उनके सिपाहियों की लाशें उठा ले जाए। अब्दाली ने माना नहीं। अपनी छावनी का स्थान अहमदशाह ने बार-बार बदला। अफ़गान फ़ौज यूरोपियन शैली में अनुशासनबद्ध थी। अब्दाली उसकी कवायद करवाता था। मराठा फ़ौज में अधिकतर कृषक पेशा वाले सिपाही थे। मुहिम उनका अतिरिक्त व्यवसाय था। लड़ाई ख़त्म होते ही मराठा सिपाही फिर से अपनी खेती में जुट जाते थे।

अनुशासन की अवहेलना करने वालों को बड़े दण्ड का प्रावधान अब्दाली ने किया था। नाक कटवाई जाती थी।

हर मराठा अपने-आप को कमाण्डर मानता था। किसी के आदेश पर वह क्यों चलेगा?

आखिर में बारह और तेरह जनवरी (1761) को खाने को नहीं मिला। भाऊ ने आने वाली सुबह मैदान में कूदने का फैसला किया। छावनी में अनाज के नाम पर जो कुछ था, बाज़ार में जो भी बचा था, भाऊ ने भूख से तड़पते सिपाहियों–उनके साथ में आये रिश्तेदारों में बँटवाया। आखिरी बिदाई की घड़ी नजदीक समझकर उन्होंने भी कुछ खाया। अनाज जिन्हें नहीं मिला, उन्होंने बाज़ार में जो भी था, गुड़, खोबरा, खजूर–हाथ में आया–खा लिया। आने वाली सुबह मैदान में उतरकर महायुद्ध लड़ना था। वक़्त देखकर पत्नी पार्वती बाई को मरवा डालने की व्यवस्था की ताकि वह दुश्मनों के हाथ न लगे।

रात भर मराठा सिपाही सो नहीं पाये।

कुछ तो डरकर भाग भी गये।

तोपची इब्राहिम खान की सहायता से भाऊ ने अपना सेना व्यूह गोलात्मक बनाया।

अब्दाली ने अपना व्यूह अर्द्धगोलाकार में रचा।

खाका पानीपत की युद्धभूमि का...कुछ यों लगता है...

पानीपत की यह लड़ाई भी लगभग उसी समय शुरू हुई, जिस समय पहली हुई थी। अर्थात् सुबह नौ बजे के आस-पास।

इब्राहिम ने गोला दागा, लड़ाई शुरू हुई। तोप चलाकर इब्राहिम खान ने दुश्मन की पहली पाँत तोड़ दी।

गोलात्मक व्यूह की स्ट्रेटेज़ी इब्राहिम और उसके तोपखाने की सुरक्षा के लिए तैनात रक्षक विट्ठल, शिवदेव, दामाजी गायकवाड इत्यादि जानते नहीं थे। वे इब्राहिम को पीछे छोड़ तोपखाने के आगे आ कर रोहिलों पर टूट पड़े। रोहिलों की टुकड़ी में धाँधली मचायी। अचानक एहसास हुआ कि इस व्यूह में उन्हें तोपची को अकेला नहीं छोड़ना चाहिए। वे लौटने लगे। रोहिला सैनिकों की टुकड़ी ने उन पर गोलियाँ दाग दीं। वे ढेर हो गये।

इब्राहिम ने तोप ठण्डी कर दी। चलाता तो दुश्मनों से भिड़े अपने ही नासमझ सिपाही–शिवदेव और दमाजी मर जाते। रोहिलों को अपनी पाँत फिर ठीक करने का वक़्त ऐसे मिला। मराठों की यह घड़ी–आधा घण्टा हालात को और चल रहे युद्ध में ही अपने स्ट्रेटेज़ी को सुधारने-समझाने-समझने में गँवानी पड़ी। अब इब्राहिम को छोड़कर दुश्मन घुड़सवारों से भिड़े। शाहावली खान भाऊ की दाहिनी ओर नजदीक आ पहुँचा। गोलात्मक व्यूह टूटने लगा।

रोहिलों ने फिर से धावा बोला, उनका सामना करने के लिए गारदी फिर आगे निकले—परिणाम—तोपखाना फिर से रोकना पड़ा। इब्राहिम-रोहिलाओं के बीच तीन घण्टे घमासान लड़ाई हुई। रोहिला बड़ी संख्या में कत्ल हुए।

रोहिला-गारदी इब्राहिम की भिड़न्त के दौर के बाद अब्दाली की फ़ौज और मराठों में छिड़ी। इसमें सभी बड़े मुखिया मराठा वीर लड़ रहे थे। गोलों और गोलियों की बारिश हुई। धुआँ और धूल घनी थी। जरा सा हटने पर शाहवली खान की नज़र भाऊ पर पड़ी। इस दौर में मराठा फ़ौज भारी पड़ रही थी।

**14 जनवरी, 1761**

सूरज दक्षिण की तरफ था। किरणें आँखों पर पड़ने से सामने देखना मुश्किल हो गया। मराठा थके और परेशान हुए।

भाऊ की लपट और आक्रमण से अहमदशाह भी स्तंभित हुआ। उसने जनाने की औरतों को ले भागने के लिए घोड़े कसे। अब्दाली को एक घड़ी लगा कि हार उसकी भी हो सकती है।

अगले प्रहर में मराठा फ़ौज कुछ कमज़ोर पड़ने लगी। फिर अब्दाली ने अर्द्धगोल व्यूह के दोनों छोर में स्थित टुकड़ियों को आगे बढ़कर, मराठा गोलाकार व्यूह भेदने का आदेश दिया। मराठों को चारों तरफ़ से घेरा गया। युद्ध की शुरुआत तोपों से हुई थी। तीर और फेंककर चलाये जाने वाले अस्त्र का प्रयोग आरम्भ में हो रहा था। अब्दाली और भाऊ की फ़ौजों ने आपस में नजदीक आ कर बन्दूकों से, और नजदीक आने पर धनुष और बाण से, फिर तलवार से और मुठभेड़ के साथ, छुरों-खंजरों से दुश्मनों को काटना-छीलना शुरू किया। बाद में तो हाथापाई तक का नज़ारा हुआ।

विश्वासराव गोली का शिकार हुआ। देखकर मराठा सरदार भागने लगे। भाऊ पचास-एक सैनिक लेकर आम सिपाही की तरह दुश्मन से भिड़ा। पचास हज़ार के आस-पास वीर शहीद हुए।

तीसरे प्रहर अब्दाली ने अपनी ताज़ी कुमक आगे बढ़ायी। मराठों की कुमक—गारदी पहले प्रहर ही ख़त्म हो चुके थे। अब्दाली ने मराठों पर सामने से और दायें-बायें से गोलाबारी करवायी। दूसरे दिन अब्दाली को भाऊ की आधी लाश—धड़ मिला।

सदाशिवराव भाऊ का नेक साथी इब्राहिम ज़ख्मी अवस्था में कैद किया गया। उसके जख्मों पर नमक रगड़-रगड़कर उसे मरवा डाला गया।

नाना साहब पेशवा ने पानीपत जीत की शर्त पर स्वामी व्यंकटेश को *"रुपये दहा हज़ार देवावे। काम जाहलियावर देवावे। काम होईल तेंव्हा करावे।"* का सरकारी चढ़ावा बोला था। रकम दस हज़ार सरकारी ख़ज़ाने में बच गयी।

# 3. शिवाजी

व्यक्तित्व, कृतित्व और नेतृत्व की दृष्टि से छत्रपति शिवाजी को अधिक व्यापक पृष्ठभूमि में देखना चाहिए। दूरदृष्टि के साथ आँकना चाहिए। किसी एक धर्म के संरक्षक, प्रचारक या प्रसारक के रूप में शिवाजी की तलवार शायद ही चली हो। राजनीतिक और दार्शनिक दृष्टि शिवाजी की घनी, गहरी, इतनी ऊँची और दूर तक जाने वाली भी थी कि प्रजा ने, जनता ने उन्हें महाराज माना। सल्तनतें, साम्राज्य, राज्य कई हुए—उनके सुल्तान, बादशाह, सम्राट या राजा भी हुए पर जनता की-प्रजा की आत्मीयता और आदर जो शिवाजी को मिला, अन्य किसी को नहीं।

शिवाजी का चरित्र एक आदर्श मॉडल के रूप में आने वाले युगों तक में भी नेताओं, प्रशासकों, प्रबन्धकों और संघटकों के लिए अनुसरणीय होगा।

सीमित *'हिन्दुत्व'* की नहीं, हिन्दवी राज्य की स्थापना का सपना शिवाजी ने देखा और दुनिया भर को दिखलाया—सच कर दिखाया। आज्ञा-पत्र आदि में उल्लेख किये जाने वाले *'हिन्दवी'* शब्द से तात्पर्य भी हिन्दुस्तान—मतलब भारतवासी—भारत में रहने-बसने वालों का, उन्हीं के लिए स्थापित और संचालित राज्य है।

हिन्दवी राज्य से तात्पर्य हिन्दू संस्कार और हिन्दुओं के रस्मो-रिवाज़, तीज-त्योहार की चौखट में संगठित राज्य नहीं होना चाहिए। धार्मिक आदेशों और मिथकों का इस सन्दर्भ में अधिक महत्त्व नहीं है, शिवाजी महाराज ने अपने आज्ञा-पत्रों में इस आशय के संकेत अवश्य दिये हैं, अपनी नौसेना में इब्राहिम खान, दर्या सारंग खान और सैकड़ों मुसलमान तैनात किये थे। कुतुबशाह से उनके सम्बन्ध अच्छे रहे हैं, बादशाह अकबर की व्यापक दृष्टि और धार्मिक ऊँचाई की याद महाराज ने औरंगज़ेब को दी। धार्मिक संकेतों और पूजा-पाठ के स्थानों को सुरक्षित रखा।

घोरपडे, निंबाळकर, जाधव, सावंत, सुर्वे कई अपने ही थे जिनके साथ शिवाजी को लड़ना पड़ा। व्यापक प्रजाहित सबसे ऊपर की प्राथमिकता थी। रिश्तेदार,

जाति और धार्मिक सम्बन्ध–बाद की प्राथमिकता शिवाजी ने मानी। जाने-अनजाने में मराठों ने शिवाजी को सिर्फ अपना मानकर शिवाजी के साथ–उनकी राष्ट्रीय दूरदृष्टि और उच्चतम योग्यता के साथ न्याय नहीं किया है। शिवाजी महाराज के सन्दर्भ में बार-बार उद्धृत किये जाने वाले लक्ष्य–*'महाराष्ट्र धर्म का विस्तार'* प्रचलित अर्थ में लेने पर छत्रपति शिवाजी की इमेज़, उनका दर्शन, उनकी दृष्टि छोटी लगने लगती है। इसे–महाराष्ट्र में *'महा'* को उदार, उन्नत, मज़बूत, सबसे बड़ा और भारतवर्ष का पर्याय मानना चाहिए। सिर्फ महाराष्ट्र का, भोसलों का, मराठों का, किसी गुट या जाति का लेबल लगाना–बनी-बनाई फ्रेम में इस महिमा मंडित आदर्श को बाँधना हानिकर है। मतलब शिवाजी, हम सबकी पूँजी है। पूरे देश की–हर भारतीय की सम्पत्ति है, धन है।

जनता के लिए, प्रजाहित में, जनता के प्रतिनिधि के रूप में राज्य की स्थापना और संचालन भारतीय गणतंत्र के लिए एकमात्र आदर्श, ऐतिहासिक उदाहरण है।

बादशाह औरंगज़ेब अपने वंश में सर्वाधिक ताकतवर, राजनिष्ठ, दक्ष, तत्पर, आक्रामक, कुशल सेनापति था। राजनीतिज्ञ था। अपने साम्राज्य के एक कोने में पनप रही इस *'स्वराज्य'* की बेल को ज़िन्दगी भर के अथक प्रयास के बाद भी नष्ट नहीं कर सका।

ई.स. 1681 में शिवाजी के राज्य के ख़िलाफ़ मुहिम का नियन्त्रण खुद औरंगज़ेब बादशाह ने अपने हाथ में लिया। औरंगाबाद में छावनी लगायी। एक ही इरादा–मक़सद था। मुग़ल सल्तनत की बगल में उगी इस ब्रेल को उखाड़ना।

शिवाजी बनाम औरंगज़ेब–दो कौमों का नहीं, बल्कि देशी-परदेशी मान्यताओं की जीत और जेता की भावना के बीच का टकराव है। इस संघर्ष में धार्मिकता के रेशे ढूँढ़ना ग़लत होगा। औरंगज़ेब की शाही फ़ौज में पचास प्रतिशत हिन्दू थे। सरदार-सेनापति कई थे।

छत्रपति शिवाजी के बाद भी–संभाजी बनाम औरंगज़ेब के बीच चली लम्बी लड़ाई जीत और जेता के बीच की लड़ाई थी। संभाजी के साथ मुसलमान थे। कुतुबशाह था, आदिलशाह था और औरंगज़ेब का साथ भी कई हिन्दुओं ने दिया।

छत्रपति शिवाजी की मृत्यु के कुछ पहले औरंगज़ेब ने दक्षिण में शिवाजी के ख़िलाफ़ लड़ने–लम्बी मुहिम चलाने का फैसला किया। कई प्रयास किये गये थे और चकमा देकर बादशाह के चंगुल से–जाल से शिवाजी भाग निकला था।

दुश्मन अफ़ज़ल खान का पेट फाड़कर उसका खात्मा करना दुनिया को चकित कर देने वाली घटना थी। जान जोख़िम में डालकर शिवाजी ने यह कार्य किया।

पन्हाळगढ़ में बन्दीवास पड़ा। वहाँ से भाग निकलने में शिवाजी का साहस, योजना और सूझ-बूझ कमाल की थी। पुणे में आ कर ऊधम मचाने वाले शाहिस्ता खान जैसे अजेय योद्धा को घायल किया। ऐसा सबक़ सिखाया कि भूले नहीं।

बादशाह औरंगज़ेब ने कपट से आगरा जेल में बन्द किया। औरंगज़ेब की राजधानी से—जेल से, कड़ी पहरेदारी के बीच से शिवाजी चकमा देकर भाग निकले। बादशाह हाथ मलता और माथा ठोंकता रहा। कई-कई घटनाएँ हैं जिनमें शिवाजी के चरित्र के ऊँचे पहलुओं की चमक, दमक और खनक देखने और सुनने को मिलती है।

फ़तह के बाद फ़तह करने वाले सम्राट औरंगज़ेब को शिवाजी और शिवाजी की प्रजा पर काबू पाना—जीतना तो दूर—सम्भव नहीं हो सका। शिवाजी की प्रजा शिवाजी का प्रतिरूप बनी। स्वराज्य का राज—शिवाजी की सबसे बड़ी उपलब्धि कहें या देन यही है। *'प्रजा सृजमाना स्वरूपा'* जिन महान आत्माओं को लेकर यह सच है, वह देश—वह कौम गुलाम या कमज़ोर नहीं बनती। व्यक्ति, नेता और प्रजा का अन्तर गौण हो जाता है। नेतृत्व के परिणामस्वरूप स्थापित या विकसित मूल्य नेता के बाद भी सामाजिक, आर्थिक या राजनीतिक व्यवस्था को कायम, अडिग, जीवन्त, उन्नत और अजेय रखते हैं।

कारण यही है—राज़ की बात यही है कि छत्रपति शिवाजी के न रहने के बाद भी स्वराज्य में आये बिखराव के रहते भी शिवाजी की प्रजा और जनता हारी नहीं—औरंगज़ेब पर भारी ही रही। नेता के एकाएक चले जाने पर हर प्रजाजन ने साहस और विश्वास के साथ ज़ुल्मी व्यवस्था के ख़िलाफ़ लड़ने वाला नेता पा लिया। अपनी जनता के अन्दर—पूरी प्रजा में नेतृत्व की भावना, योग्यता और हिम्मत पैदा करना शिवाजी महाराज की सबसे बड़ी--महानतम उपलब्धि थी।

स्वराज्य की या *'महाराष्ट्र धर्म'* की व्याख्या और योजना जो शिवाजी युग में स्थापित हुई, उन्नत हुई, हमें लोकतांत्रिक दृष्टि से समझ लेनी चाहिए। यह 'धर्म' या राष्ट्र सिर्फ शिवाजी का नहीं है, हर प्रजाजन इसका भागीदार और नेता है। नेता रहे या न रहे—मेरी दौलत, मेरा देश मुझे सुरक्षित और व्यवस्थित रखना है—इस आशय के दायित्व का एहसास और विकास हर ऐसे युग की जनता में होता है। इस एहसास की, इच्छा और महत्त्वाकांक्षा की पैरवी करने वालों का प्रतिनिधित्व शिवाजी ने किया।

ग़ौरी, खिलज़ी, गुलाम, लोदी, मुग़ल—हर शासक में जेता होने की भावना कूट-कूटकर भरी थी, इस ज़मीन में पैदा होने-उगने के बाद भी औरंगज़ेब और

बाकी सुल्तानों में रूलर–शासक–तुर्की ख़लीफा के प्रतिनिधि होने की भावना प्रबल थी। हिन्दुस्तान मतलब भारत उनकी नज़र में भेड़ की तरह हाँकने का, लड़ने में कमज़ोर, हारा हुआ, मरा हुआ देश था, ऐसे में शिवाजी का अस्तित्व, शिवाजी का '*महाराष्ट्र*' सिद्धान्त एक कड़ी और ख़तरनाक चुनौती थी। मूल्यों को लेकर, मूल्यों से बल पाकर, लड़ने और आगे बढ़ने वाला संगठन टूटता नहीं। तोड़ने की कोशिश करो तो और ऊँचा उछाल आता है।

पराक्रम शिवाजी की तरह चन्द्रगुप्त में देखा जा सकता है–हर्षवर्धन और सलीम, मलिक अंबर, हसनगंगू जैसे कइयों में मिलता है पर जनतांत्रिक क्रान्तिकारी मूल्य व्यवस्था का विकास, कार्यान्वयन और अगली पीढ़ी में अन्तरण करने का कार्य अलावा शिवाजी के किसी ने नहीं किया, न ही कर पाये।

मूल्य व्यवस्था बनायी, सोची, समझायी और लागू हुई–इस प्रकार की आसान प्रक्रिया से मूल्य नकली और दोमुँहे बन जाते हैं, प्रजा, जनता और प्रशासन में उन मूल्यों को लाने के पहले उनका आचरण, अनुपालन और अनुकरण नेतृत्व जिनके कन्धों पर है, उन्हें करना चाहिए। खूँट की तरह हिला-हिलाकर पहले अपने अन्दर मज़बूती से ठोंकना चाहिए। ऐसे मूल्य ही औरों में–आम में, अंतरित, आरोपित और पल्लवित किये जा सकते हैं।

युग शिवाजी का तलवार और भालों का था, कड़की और तंगी के दौर आते थे। विद्रोह करना पड़ता था और राज्यमूल्याधारित संगठन की रचना में ज़रूरी धन कमाने के लिए लड़कर, नगर, जुन्नर, कल्याण, जालना, भिवंडी, कारंजा, सूरत जैसे पेठों को लूटना भी वर्जित नहीं था। जनता और प्रजा को प्रताड़ित करने पर कड़े से कड़े दण्ड शिवाजी ने दिये। हत्याएँ कीं। हाथ-पैर तोड़े।

शिवाजी की स्वामिभक्ति कट्टर थी। शिवाजी ने प्रजा को अपने स्वामी के रूप में स्वीकारा। जनता का दर्द शिवाजी का दर्द है। जनता की पुकार, शिवाजी की पुकार है। जनता की पीड़ा को शिवाजी ने खुद का उत्पीड़न माना है और उत्पीड़क अत्याचारियों के हाथ-पैर तोड़ दिये हैं। इतिहास इन घटनाओं का साक्ष्य देता है।

शिवाजी के चरित्र में एक साहसी सिपाही, दूर दृष्टि वाले सेनापति और एक विज़नरी द्रष्टा, दार्शनिक के गुणों का अजीब संयोग मिलता है। एक उत्तम सिपाही में मैदान मारने या मरने का। सेनापति में मैदान जीतने का और दार्शनिक में लक्ष्य मोक्ष की तरह अग्रसर होने, मूल्य–मानव मूल्यों की पैरवी करने का गुण होता है। शिवाजी में इन तीनों का संगम था।

कॅरियर की शुरुआत में अतालीक़ अमीर शेख़ और मजीद बेग़ ने बाद में बाबा कुली बेग़ ने बाबर को राज्य स्थापना की, मूल्य व्यवस्था की सीख दी।

वैसी ही सीख और आरंभिक मार्गदर्शन दादोजी कोंडदेव ने छत्रपति शिवाजी को कोच, मार्गदर्शक, गुरु के रूप में दी थी।

जनता का राजा के या दूसरों के राजाओं के साथ उतना सरोकार नहीं होता जितना कि उनके दलालों का।

बाबर के व्यक्तित्व में से प्रस्फुटित ताकत, तेज़ और महत्त्वाकांक्षा की धार, अकबर की दूर-दृष्टि और राजनीतिक समन्वय की उदारवादी नीति—मुग़ल सम्राट छोड़ चुके थे, खो चुके थे। धार्मिक अन्धापन सल्तनत को अन्धा कर रहा था। औरंगज़ेब के ज़माने में तो धार्मिक उन्माद ने चारों ओर कहर फैलाया। अपनों से अलग मतावलम्बी—चाहे वे मुसलमान हों तब भी गोलकुंडा-बीजापुर तक जा-जाकर उनका दमन किया। बाकी धर्मपंथियों का तो सवाल नहीं उठता, शहंशाह अकबर की लागू राजस्व व्यवस्था टूट चुकी थी। ऐशो-आराम और भवन निर्माण के लिए सरकारी खजाना खाली होता था। फ़ौज, सुरक्षा और कल्याणकारी कार्यों की ज़रूरतें नज़रअन्दाज़ की गयीं। सम्राट तक को ऐसे में खाने के लाले पड़ते हैं—पड़े हैं। दरबार में गायन, नर्तन, रंजन और शेरो-शायरी का अखाड़ा और जमावड़ा मात्र होने लगा था। मनसबदार, जागीरदार, सरदार अपनी ऐशो-आराम की चाह पूरी करने के लिए ज़रूरी धन-राजस्व के रूप में मिले धन से और लूट से भी जुटाते थे। भ्रष्टाचार, अनाचार, दुराचार, व्यभिचार, कदाचार—इस वर्ग की नस-नस में फैलकर जनता की त्रासदी में तब्दील हो रहा था। मनसबदारी या पैसा वसूली का हक़ प्राप्त करने के लिए तलवारें चलतीं, हत्याएँ होतीं, बड़ी-बड़ी पेशकशें (रिश्वतें) दी और ली जाती थीं। मुग़ल सरदार मनचाही लूट की छूट और अधिकार स्वयमेव पा गये थे। एक-एक के पास धन इतना था—अंबर और पहाड़ थे धन के कि कुबेर को इनसे ईर्ष्या हो जाए। ऐसी दौलत सड़-सड़ कर ज़हर बन जाती है। सल्तनत शराब में, रतजगों और जलसों में, हरम की औरतों के रुदन में कमज़ोर पड़ती गयी। भ्रष्टाचार कदम-कदम पर जनता को डस रहा था।

फ़ौज इन वतनदारों की दिन-दहाड़े गाँवों में घुसती। उनके घोड़े और बैल खेतों की खड़ी-पकी फसल बर्बाद करते और सिपाही घरों में प्रजाजनों की बहू-बेटियों को। शासक और न्याय देने वाले यही मनसबदार और वतनदार थे। फरियाद जनता किससे करे? सुनने वाला कोई नहीं था, पैरवी कौन करता। मनसबदार शराबी, जुआरी, व्यभिचारी हो कर या तो प्रजा पर अत्याचार करते थे या आपस में झगड़ते, उलझ जाते थे। केन्द्रीय सत्ता तक उनकी निष्ठा ढीली, कमज़ोर और नष्ट होने से मृत पड़ी थी। समुद्री सीमा की सुरक्षा का सवाल किसी बादशाह ने उठाया नहीं। किसी सरदार के, मनसबदार के मन में उठा नहीं। मनसबदार

रिश्वत लेना या देना जायज मानते थे। इतना कि ज्यों चढ़ावे का प्रसाद हो। नाम के पीछे *'अलिफ'* जोड़ने की इज़ाजत के लिए औरंगजेब के पहले के ज़माने में एक लाख रुपये का चढ़ावा--रिश्वत बादशाह माँगता था। की गयी इस रिश्वत की प्रतिपूर्ति–रिइंबर्समेंट वतनदार फिर जनता से निर्दय बनकर लूट-लूट कर कर लेते थे। औरंगज़ेब के पी.ए. काबिल खान ने ढाई साल की अवधि में इसी रास्ते से और उस ज़माने में बारह लाख नकद, मूल्यवान गहने, नयी-नयी कोठियाँ कमायी थीं। यह नयी नहीं, बिल्कुल पुरानी परम्परा है। गरीब प्रजा–चाहे मुसलमान हो या हिन्दू–भ्रष्टाचारियों का शिकार हो रही थी। दाना-पानी उनका दिन-दहाड़े लूटा जा रहा था।

इतिहास लेखक इरफ़ान हबीब ने लिखा है–

*"Mughal Empire had its own grave digged and what Sadi said of another great Empire well serve as its epitaph ...*
*The Emperors of "Persia"*
*Who oppressed the lower classes*
*Gone is their glory and Empire*
*Gone their tyranny over the peasant."*

शिवाजी का उदय इन्हीं विषम सामाजिक, आर्थिक और राजनीतिक स्थितियों में हुआ। वतनदार, मिरासदार, जागीरदार, मनसबदार–नाम और ओहदा कुछ भी हो--गढ़नुमा हवेलियों में अपनी-अपनी फ़ौज और अधिकारों की रक्षा में ऐश, भोग-विलास और नशा करने में आकण्ठ डूबे हुए थे। केन्द्रीय सत्ता के बदलते वतन और ज़ागीर बनाये रखने के लिए निष्ठा भी और मूल्य तक ये ज़ागीरदार आराम से–आसानी से बदल लेते थे। ऐश का सामान--प्रजाजनों की बहू-बेटियाँ मर्जी हुई, नशा हुआ, चाह हुई तब उठा ले आते थे। इज़्ज़त, आबरू, जीवित, वित्त या हित--कुछ भी सुरक्षित नहीं था।

1642 से 1647 तक शिवाजी ने अपने राज्य की नींव डाली। पुणे के पास के मावळ इलाके के गरीब किसानों में आज़ादी की भावना जगाकर इन्हीं मावळों में विश्वास जगा-जगाकर शिवाजी ने अपनी ताकत, शोहरत, निष्ठा और राज्य का विस्तार किया।

शिवाजी मतलब नयी दृष्टि, नया युग, मूल्यों का निर्माण। शिवाजी मतलब सम्मान की, प्रजा की, स्त्रियों की सुरक्षित, खुशहाल जिन्दगी।

1645 के बाद मावळों का राज विकसित होता गया। पुरन्दर जीता, सिंहगढ़ पर अधिकार किया, तोरणा, राजगढ़, रोहिडा जैसे किलों पर अपना अधिशासन जमाया, लड़ाई जीतकर आगे बढ़ने के पहले, जीते मुल्क में प्रशासन, न्याय, राजस्व की मज़बूत व्यवस्था की जिससे प्रजाजन पहले शासन की तुलना में सुरक्षित, समृद्ध

और सम्मानित महसूस करे। अच्छा संगठन मतलब पहले की सुरक्षा के साथ-साथ नये-विस्तारित क्षेत्र, मुल्क की मज़बूत व्यवस्था। नेतृत्व की यह महत्त्वपूर्ण ज़रूरत है।

शिवाजी का एक मिशन था, विज़न था। छोटी-बड़ी लड़ाइयाँ उस मक़ाम तक पहुँचने के पड़ाव मात्र थे। युद्ध और लड़ाई शिवाजी की नज़र में साधन थे—साध्य हरगिज़ नहीं।

आत्मविश्वास और बड़ा टार्गेट प्राप्त करने के लिए छोटी-छोटी फ़तहें काम आती हैं। निंबाळकर, घोरपडे, फत्तेखान के साथ हुई लड़ाइयाँ शिवाजी का, उसकी नवनिर्मित कृषक सेना का महत्त्व, सम्मान और आत्मविश्वास बढ़ाती गयीं। उदीयमान संगठकों को जहाँ तक हो सके—बड़ी लड़ाइयों में उलझने का जोख़िम टालना चाहिए। बोझ और बड़े आक्रमण से शैशवकालीन संगठन की कमर टूट भी सकती है। रणनीति की एक चाल चलकर कभी पीछे भी हटना पड़ता है बशर्ते, फिर से उभरने, उछलने, दरार भरने की महत्त्वाकांक्षा कायम रहे, सच्ची हार उसकी होती है जिसको लगता है कि वह टूट गया, हार गया।

बड़ी मुश्किल में और महान योद्धाओं की बलि देकर जीता सिंहगढ़ किला इसलिए शिवाजी ने 1649 में एक बार खाली कर दिया। बड़े युद्ध को, तबाह कर सकने वाले पहाड़ को देखकर बचाव में हटना चाहिए। दूर-दृष्टि—फोरसाइट इसी का नाम है।

शिवाजी की दृष्टि इतिहास पर थी, भविष्य पर थी, वर्तमान पर थी। भूगोल का ज्ञान हर शासक की ज़रूरत होती है। युद्ध की योजना ही नहीं, किसी भी संगठन की कोई भी योजना बिना भौगोलिक आकलन के पूरी सफल नहीं हो सकती, हर लड़ाई के, मुहिम के पहले सम्बन्धित इलाके का, इलाके की प्रजा का, इलाके के भूगोल का अध्ययन करना, दुश्मन की हर योजना का, हर चाल का, ताकत का, कमज़ोरियों का, चुनौतियों का अध्ययन करने के बाद आगे बढ़ना युद्धशास्त्र की पहली ज़रूरत है। शिवाजी महाराज की हर मुहिम इसी प्रक्रिया से पूरी होती थी। उनकी गुप्तचर व्यवस्था कार्यान्वित की जाने वाली मुहिमों की योजना का आधार थी।

सीमित—नयी फ़ौज के साथ आदिलशाह या अन्य किसी के साथ की मैदानी—आमने-सामने की लड़ाई वांछित नहीं थी। शिवाजी ने अपनी छापामार 'गनीमी' शैली विकसित और उन्नत की। दुश्मन इसी शैली से तंग आ कर परेशान, हैरान और परास्त हुए। एक बार नहीं, बार-बार पराजित हुए।

'जावळी' का जंगलमय पहाड़ी इलाका, जोख़िम—बहुत बड़ी जोख़िम उठाकर शिवाजी ने अफज़लखान से छीन लिया। जाहिर है, आदिलशाह को छेड़कर—जावळी पर अधिकार जमाकर शिवाजी ने बहुत बड़ी चुनौती मोल ली थी।

जावळी के पहाड़ी इलाके पर नियन्त्रण करने के बाद सुपा प्रान्त पर कब्ज़ा किया। अपने नवनिर्मित राज्य की सीमा को समुद्री तट तक भिड़ा दिया। हालत ज़्यादा बिगड़ जाए तो जावळी छोड़कर बाकी इलाका छोड़ देने की कांटीजेंसी योजना थी। जावळी का पहाड़ी इलाका छोड़कर अन्यत्र लड़ने से युद्ध क्षमता कमज़ोर पड़ सकती थी। इसी क्रम में प्रजा-पालन और प्रशासन के लिए ज़रूरी धन बटोरने के लिए भिवंडी, कल्याण, जुन्नर, अहमदनगर जैसे शहरों की पेठों में जाकर धन लूटा।

1658 में शिवाजी ने औरंगज़ेब के बादशाह बनने पर नज़राना भेजा था। एक साल सभी मोर्चों पर उलझना–टालने के लिए।

शिवाजी को कब्ज़े में लेने के लिए आदिलशाह का तैनात अफज़ल खान, दुश्मन–शिवाजी को मैदान पर खींच लाने की कोशिश में था। शिवाजी की ताकत पहाड़ियों में लड़ने की थी। अफज़ल खान को मैदान छोड़कर पहाड़ियों में ले आने की चाल–प्रयास शिवाजी की ज़रूरत थी। इसमें शिवाजी की हिम्मत, साहस और चाल सफल हुई। नवम्बर, 1659 में अफज़ल खान मारा गया। इस जीत से शिवाजी को लूट बड़ी मात्रा में मिली। खज़ाना समृद्ध हुआ। घोड़ों की संख्या तीन हज़ार थी जो एकाएक सात हज़ार हो गयी। फ़ौज भी इसी मात्रा में बढ़ी। बीजापुर से आदिलशाह प्रतिक्रिया में कोई हमला करे, इसके पहले उसका अधिक-से-अधिक मुल्क बिजली की तरह लपककर शिवाजी ने हथिया लिया।

शिवाजी क्या चीज़ है–सिर्फ औरंगज़ेब ताड़ गया था। आदिलशाह ने करनूल के सूबेदार सिद्दी जौहर को पन्द्रह हज़ार घुड़सवार और पच्चीस हज़ार सैनिक साथ में लेकर शिवाजी पर आक्रमण करने भेजा।

सिद्दी जौहर ने स्ट्रेटेजी बनाकर शिवाजी को बड़ी मुश्किल में पकड़ा। पन्हालगढ़ किले में शिवाजी को बन्द होना पड़ा। औरंगज़ेब को लगा, मौका दुबारा नहीं आने वाला है, उसने शाहिस्ता खान को पुणे शहर पर चढ़ाया, अफज़ल खान का मारा जाना उत्तर और दक्षिण भारत के शासकों को गम्भीर चेतावनी और चुनौती थी। दोनों सल्तनतें–औरंगज़ेब और बीजापुर का आदिलशाह दहल गये थे।

1660 के बाद तीन साल तक शाहिस्ता खान शिवाजी के मुल्क में ऊधम मचाता रहा। 1665 में मिर्ज़ा राजे जयसिंह ने आ कर इसमें तेल डाला। बारह साल तक जनता ने उनके उत्पीड़न को झेला।

इस उत्पीड़न के दौर में भी जनता ने शिवाजी का साथ और समर्थन दिया। राजा का सम्मान और सम्बल इसी से बढ़ता और कायम रहता है।

पन्हालगढ़ किले से शिवाजी की मुक्ति शिवा नाई के बलिदान से सम्भव हुई। शिवाजी के लिए जान देने वालों–बलिदान करने वालों की कमी नहीं थी।

बाजीप्रभु देशपांडे, तानाजी मालुसरे–कई नाम गिनाये जा सकते हैं। मर-मिटने की, त्याग, जीत, मेहनत और समर्पण की प्रेरणा निर्धारित ध्येय–मिशन से आती है। मिशन और ध्येय बिना नेतृत्व के चरित्रवान और सतशील होने के लोगों को–प्रजा या फ़ौज को स्वीकार्य नहीं होते।

हर राष्ट्र, व्यक्ति या संगठन की अपनी मूल्य-व्यवस्था होती है। इन मूल्यों का रक्षण और संवर्द्धन करना व्यक्ति से, राष्ट्र से, नेता से, हर प्रकार के संगठन से अपेक्षित होता है, ऐसी मूल्य-व्यवस्था का मूल्य-विशेष का लगाव और आग्रह जितना घना होगा, उतना ही घना समर्पण, त्याग, मेहनत और योगदान सम्बन्धित व्यक्ति एवज़ में देगा। भारतीय संविधान के आरम्भ में उद्धृत मूल्य–सामाजिक न्याय, समता, बन्धुभाव, स्वतन्त्रता ऐसे ही मूल्य हैं, जिनके लिए हमसे पहले हज़ारों ने अपनी जानें गँवायीं, आहुति दी, त्याग किया, मेहनत और संघर्ष में अपना जीवन लगाया।

मूल्य-व्यवस्था कमज़ोर हो जाने पर समाज भी कमज़ोर पड़ जाता है। सिपाही, सिपाही की तरह नहीं–किराये के कुली की तरह लड़ते हैं।

**1665 : मार्च, अप्रैल व मई : तीन महीने की अवधि**

अस्सी हज़ार फ़ौज लेकर मिर्ज़ा जयसिंह ने शिवाजी की राज्य-व्यवस्था उखाड़ने का प्रयास किया। शिवाजी को उनके साथ सुलह करनी पड़ी। पुरन्दर समर्पित करना पड़ा।

कल्पना करिये, शिवाजी बीच में हैं, चारों ओर शेर दहाड़कर झपटने के लिए खड़े हैं–सिद्दी जौहर हैं। अफज़ल खान हैं। मिर्ज़ा जयसिंह हैं, आलमग़ीर औरंगज़ेब हैं, ये ताकतें उस ज़माने की सर्वश्रेष्ठ राजनीतिक हस्तियाँ थीं।

ई.स. 1666 तक आते-आते शिवाजी का नाम अखिल भारतीय स्तर का बना। फ़ौज साठ-सत्तर हज़ार तक खड़ी की गयी थी। हर सैनिक कसा हुआ और दुश्मन की फ़ौज के दो पर भी भारी था।

दौर बड़ा नाज़ुक आया था। ऐसे हालात में शिवाजी ने राज्य और प्रशासन, प्रबन्धन और प्रजा-कार्य पूर्ववत् चले, चलते रहे–इस उद्देश्य से अष्ट प्रधान मंडल–अपने मंत्रिमंडल की स्थापना की। इस मंत्रिमंडल ने महाराज शिवाजी की अनुपस्थिति में भी संयम और सूझ-बूझ के साथ स्वराज्य चलाया। इन मंत्रियों की शिवाजी पर अटूट निष्ठा थी। पुरन्दर की हार हो या आगरे में महाराज की कैद। प्रशासनिक व्यवस्था में, प्रजा की सुरक्षा में, फ़ौज के कसाव में कोई कमी नहीं आने दी। लश्कर के आगे रहकर मोर्चा सँभालने वाला भी यही मंत्रिमंडल था। ज़रूरत पड़ी और इशारा पाकर इन्होंने मुहिम चलायी–फ़तह पायी। पुरन्दर किले की हार के दौरान खोया मुल्क भी इसी मंत्रिमंडल की फ़तह थी।

प्रजा, राजा शिवाजी की आगरा कैद व इसी के आस-पास दुश्मनों की मचायी धाँधली, लूट-पाट और अत्याचार से त्रस्त हो कर, निराश हो सकती थी, पर हुई नहीं। आगरा से महाराज कब लौटेंगे, लौटेंगे कि नहीं, लौटते हैं तो बादशाह औरंगज़ेब उन्हें किस सूरत में आने देगा—सब अनिश्चय में, अँधेरे में था। सिर कलम करने और दुश्मनों की आँखें फुड़वाने की सुल्तानी दण्ड परम्परा से प्रजा परिचित थी।

व्यवस्था और मूल्यों पर प्रजा का विश्वास कायम रहा। प्रजातंत्र की नींव—जनता का विश्वास और गुडविल शिवाजी ने जनता में जिस तरह पैदा की, विकसित और कायम की वह अपने-आप में एक मिसाल है। लड़ाई में फ़तह के लिए—फ़ौज, मुहिम, स्ट्रेटेजी, चालें, दुश्मन की कमजोरियाँ सब बातें गौण हैं, व्यर्थ हैं, यदि लड़ने वाले सेनानी और सैनिक के पास जनसमर्थन न हो। शिवाजी की हर लड़ाई में, युद्ध में, संकट में, योजना में, मुहिम में प्रजा की, जनता की श्रद्धा और गुडविल की बुनियाद हमेशा रही।

1666 ई.स. में तालाबन्दी और ऊँची दीवारों—शस्त्रधारी पहरेदारों को चकमा देकर शिवाजी आगरा की जेल से एकाएक गायब हुए। सितम्बर में महाराष्ट्र में आ कर औरंगज़ेब के साथ सुलहनामा किया। औरंगज़ेब के ख़िलाफ़ बग़ावत, विद्रोह या आक्रमण न करने की हामी बादशाह को दी। औरंगज़ेब को लगा—कैद से भागकर भी शिवाजी न तो चैन से बैठने देगा और न ही खुद भी शान्ति से बैठेगा। लेकिन आते ही शिवाजी ने दक्षिण की दोनों शाहियों से खिराज़ पायी। उन पर अपना सिक्का जमाया। साथ-ही-साथ अपने राज्य में व्यवस्था, कानून, प्रबन्धन और प्रशासन कायम करने का भी कार्य समान रूप से चलाया, 1670 तक आते-आते—पुरन्दर की हार के दौरान दिये गये दान को—अपने मुल्क को छत्रपति शिवाजी ने दुबारा अपने अधिकार में जीत कर लिया।

1670 से शिवाजी महाराज ने मुग़ल सल्तनत को उकसाना शुरू किया। लूट का सिलसिला बहाड, औसा, अहमदनगर, सूरत, कोंकण, औरंगाबाद, जुन्नर—हर नामी शहर की पेठ में हुआ। लपक-लपककर शिवाजी की फ़ौज ने अपने किलों और मुल्कों पर दुबारा कब्ज़ा करना 1670 से आरम्भ किया।

मुग़ल फ़ौजें जवाबी हमले में लड़ने का प्रयास कर रही थीं। आलमग़ीर औरंगज़ेब को यकीन हो रहा था कि शिवाजी की जंग मामूली नहीं है। सरदार और मनसबदारों के भरोसे मुग़ल फ़ौज न बच पायेगी, न बढ़ पायेगी। मैदान में उतरना—खुद हाथ में हथियार लेने पर औरंगज़ेब को मज़बूर करना महाराज की चाल थी और सफलता भी।

शिवाजी के बारे में लिखते और बोलते वक़्त एक मुश्किल से हर लेखक टकरा ही जाता है। शिवाजी के नाम के साथ 'राजा' और 'महाराजा' आगे-पीछे

जोड़कर—राजा शिवाजी, शिवाजी महाराज या छत्रपति शिवाजी महाराज कहने से मन में अक्सर सवाल उठता है कि हम शिवाजी को इतर हज़ारों राजाओं या महाराजाओं की श्रेणी में बिठा रहे हैं। राजा, महाराजा, दार्शनिक, सेनापति, सिपाही, प्रबन्धक, मूल्य निर्माता, व्यवस्थापक, स्ट्रेटेजिस्ट, नेता, द्रष्टा—एक कॅलिडोस्कोपिक चरित्र के किसी एक पहलू का उच्चारण शिवाजी के बहुमुखी चरित्र, बहुआयामी प्रतिभा को एकांगी बना देते हैं।

औरंगज़ेब बादशाह दक्खन में उदय हुई इस प्रजाधारित नयी व्यवस्था से चकरा गया था, तंग आ गया था। शिवाजी के दमन के लिए मुहिम और योजना बन रही थी। दूसरी ओर शिवाजी भी अपने समर्थन में बीजापुर और गोलकुंडा की शाहियों से सुलह करने के प्रयास में आगे बढ़ रहा था। इस दिशा में आड़े आने वाले भाई को भी शिवाजी ने निर्मम हो कर दूर किया। दार्शनिक महात्मा नेतृत्व को घेरने वाली हार शिवाजी को भी मिली थी। राजपुत्र संभाजी दुश्मन की—मुग़लों की शरण में गया। बड़ी मुश्किल से उसे वापस लाया गया। राज्य विस्तार हो रहा था। औरंगज़ेब कभी भी झपटने वाला था। ऐसे माहौल में शिवाजी की मृत्यु हुई।

भारतीय परिप्रेक्ष्य में राष्ट्रीय स्तर पर महत्त्वपूर्ण योगदान का, शिवाजी के चरित्र, व्यक्तित्व और कृतित्व का आकलन करने पर अक्सर प्रतीत होता है कि शिवाजी का कार्य मात्र एक भौगोलिक क्षेत्र में नयी सत्ता—अपना शासन स्थापित करना नहीं था। बात इससे भिन्न है। योगदान शिवाजी का, राष्ट्रीय इतिहास के कैनवास पर सर्वाधिक महत्त्वपूर्ण है।

सर्वाधिक महत्त्वपूर्ण बात यह कि शिवाजी ने अपने राज्य की स्थापना की बुनियाद मानव मूल्य बनायी। व्यक्ति और प्रबन्धन सामाजिक, राजनीतिक और आर्थिक सिस्टम बटोरकर चले, इस हद तक प्रजा में बल भरा। मूल्यों पर विश्वास और श्रद्धा बढ़ायी।

जनता के प्रति नेता की देनदारी, भागीदारी और वफ़ादारी अपने मंत्रिमंडल में और सेनापतियों में कूट-कूट कर भर दी।

अपनी हयात में जो मूल्य शिवाजी ने समाज के मन में बोये थे, उनकी मृत्यु के बाद उसकी फसलें दोहरी तरार के साथ उगीं और दूर-दूर तक फैलीं। शिवाजी के बाद प्रजा का नेतृत्व शिवाजी के मूल्यों ने किया। उनके हाथों जलाई गयी आत्मसम्मान की ज्योति ने किया। यही वजह थी कि टक्कर खा-खा कर भी—दूर-दूर बिखर जाने के बावजूद सम्मान की, स्वतन्त्रता की यह मशाल शिवाजी की प्रजा ने बुझने नहीं दी, मूल्य-प्रणाली उदार और ऊँची थी—इतनी ऊँची थी कि उसे गिराने के लिए सुल्तानी हाथ कमज़ोर पड़े। मुग़ल सेनापति बार-बार स्तंभित और हताश होते गये।

अच्छे योद्धा की कुशलता और कसब इसमें नहीं होती कि वह कितनी बार विजयी होता है। जय और पराजय में कई फैक्टर होते हैं लेकिन योद्धा की योग्यता और महानता इसमें है कि वह हारता है तो भी उसकी हार में गरिमा कितनी है, वह भाग भी जाता है तो पलटकर वार करने की तत्परता कितनी है, सुलह कर लेता है तो अपनी गर्दन दुश्मन से किस प्रकार छुड़ा लेता है। दुश्मन की फ़ौज का, मुल्क का, नदी-पहाड़ों और रास्तों का ज्ञान उसे कितना है। मुहिम और योजना बनाने की और अमल में लाने की योग्यता उसकी क्या है, फुर्सत मिलने पर वह क्या करता है, लूट में मिला ख़ज़ाना प्रजा की ताक़त और समृद्धि बढ़ाने में खर्च करता है, आम लोगों को प्यार, आत्मीयता, सम्मान और आत्मविश्वास देकर अपने बराबर की योग्यता और शक्ति उनमें विकसित करता है, अपने स्थान को मंत्रिमंडल और प्रतिनिधियों के समर्थन और सहयोग से अडिग बनाता है—और जिस प्रजा के लिए मुहिमें, लड़ाइयाँ और अभियान चलाये जाते हैं उनमें भरोसा पैदा करता है कि मुहिम उनकी है। हार या जीत—इस दौरान जो होगा वह उसका भी होगा। लड़ने वाला सिपाही और सेनापति उसका बल लेकर लड़ रहा है। प्रजा है तो मुहिमें चलती रहेंगी।

राज की बात है कि बिना केन्द्रीय राजा के भी शिवाजी का राज दुश्मन तोड़ नहीं पाये। शिवाजी के कर्तृत्व का सार अति संक्षेप में यह कहा जा सकता है कि स्थापित संगठन की आदर्श संरचना खड़ी करना उनका मिशन था। आम आदमी में आत्मसम्मान जगा-जगाकर, फ़ौज में हिम्मत भरकर, भक्कम किले बनवाकर, सुरक्षित बाज़ार व्यवस्था कायम कर अपना स्वराज्य खड़ा किया। जान दाँव पर लगाने वाली सेना संख्या में भी बड़ी बना दी। नौसेना अरेबियन समुद्र में गश्त लगाने के लिए खड़ी कर दी। *'राज्य व्यवहार कोश'* बनवाकर अपनी भाषा—जनता की भाषा—को राजमान्यता दी। जनता और प्रजा का उत्पीड़न करने वाले वतनदारों को, वतनदारी व्यवस्था को ख़त्म कर जनता के प्रतिनिधियों का *'अष्ट प्रधान मंडल'* बनाकर कानून, व्यवस्था, राजस्व वसूली जैसे कार्य व्यवस्थित किये। तय राजस्व से अधिक माँगने वालों को, प्रजा को सताने वाले वतनदारों को, बहू-बेटियों को छेड़ने वालों को दंडित किया, उनके हाथ-पैर तोड़ डाले। किसी की धार्मिक श्रद्धा के साथ खिलवाड़ करने वालों का यही अंजाम हुआ। सामाजिक, राजनीतिक और आर्थिक दृष्टि से प्रजातांत्रिक व्यवस्था लाने का इतना सफल प्रयास भारत के इतिहास में अन्य किसी राजा, सम्राट या छत्रपति ने नहीं किया था। इस लिहाज़ से शिवाजी की मूल्य-व्यवस्था, दृष्टि-मिशन और कर्तृत्व हमारी राष्ट्रीय धरोहर है।

शिवाजी के शत्रुओं तक ने इस बात को माना कि—

- ❑ शिवाजी अपने आप में एक शीलवान और योग्यताधारक व्यक्तित्त्व है।
- ❑ गृहस्थ जीवन शिवाजी का संयमित है।
- ❑ ऐश और भोग-लालसा के बहकावे में शिवाजी कभी बहा नहीं।
- ❑ मैदान में लड़ते-लड़ते हाथ आयी क़ुरान की प्रति आदर के साथ जतन की और अगले मक़ाम में मिले मुसलमान के हवाले कर दी।
- ❑ मस्जिदों और मन्दिरों की, धार्मिक ग्रन्थों की रक्षा की।
- ❑ बहू-बेटियों की इज़्ज़त-आबरू का पूरा ध्यान रखा। रांझेगाँव के पाटील और सखोजी गायकवाड़ ने महिलाओं को छेड़ने की जफ़र्रत की। उनके हाथ तोड़ दिये गये। दोनों उसके निष्ठावान सिपाही थे।
- ❑ फ़ौज का नियन्त्रण मंत्रिमण्डल के हाथ में था। लश्कर लोक-प्रतिनिधि के नियन्त्रण में रखने की सोच और व्यवस्था शिवाजी ने लागू की।
- ❑ फ़ौज का राजस्व संकलन से कोई लेना-देना नहीं था। रसद या तनख़्वाह इस नयी व्यवस्था के अनुसार लोक-प्रतिनिधि द्वारा तैनात 'कारकून' से प्राप्त की जाती थी।
- ❑ प्रजा को शिवाजी ने वतनदारों-ज़ागीरदारों की गुलामी से मुक्त किया। मनसबदारी व्यवस्था नियन्त्रित कर दी।
- ❑ सभी किले केन्द्रीय मंत्रिमंडल के स्वामित्व में थे। केन्द्रीय मंत्रिमंडल जनता का प्रतिनिधित्व करता था। (भले ही वह आधुनिक चुनाव व्यवस्था के आधार पर न बना हो।)
- ❑ राजस्व-व्यवस्था मज़बूती के साथ लागू की। विरोध करने वाले वतनदारों को नियन्त्रित या ख़त्म किया।
- ❑ खेती की मालकियत पक्की की।
- ❑ राजस्व दर काफी—चालीस प्रतिशत तक थी। फिर भी कर चुकाने प्रजा खुशी से आगे आने लगी।
- ❑ सूखे की मार झेलने की हिम्मत प्रजा को दी। पर्याप्त सहायता मुहैया की।

तत्कालीन इतिहासकार 'सभासद' ने लिखा है—

*"मोकासे कोणास देणे नाही। मोकाश्या मुळे ज़मीनदार बेकैद होतात। मुलखात, ज़मीनदार, देशमुख व देसाई यांच्या हाती जप्ती खाली कैदेत रयत नाही। त्यांनी साहेबीन करुन नागवीन म्हटली—याने त्यांच्या हाती नाहीं। शिवाजी ने वतनदारांचे वाडे-हुडे, कोट पाडून टाकले।"*

भारतीय इतिहास को नया मोड़ देने वाले तीन नायकों—बाबर, भाऊ और शिवाजी—की चरित्रगत विशेषताओं पर संक्षिप्त चिन्तन करने के बाद इनकी नेतृत्व और प्रबन्धन शैली के महत्त्वपूर्ण निष्कर्ष यों कहे जा सकते हैं—

## बाबर

- आदर्श नेतृत्व के सभी गुण बाबर में थे।
- एक मिशन और विज़न बाबर का स्पष्ट था। हिन्दुस्तान पर विजय। अपने बेग़ों, सिपाहियों और रिश्तेदारों को इस विज़न से भली-भाँति समझाकर, उनकी सलाह, मान्यता और समर्थन पाकर वह अपने लक्ष्य की ओर चला। फ़ौज ने उसका साथ और समर्थन दिया।
- साहस और हिम्मत के बल पर उसका नेतृत्व निखरा, असरदार बना।
- अपने बेग़ों से, जनता से सम्बन्ध बड़ा अच्छा रखा। उनकी निष्ठा अर्जित की।
- बाबर दार्शनिक नेता और द्रष्टा था। सपने देखे और योजनाएँ बनायीं। फलों की बुवाई, चमन की लगवायी और नहरों की खुदाई लड़ते-लड़ते की। शायरी की समझ अच्छी थी।
- चरित्र आदर्श और अनुकरणीय था। बेगुनाह प्रजा को बेवजह त्रस्त नहीं किया।
- बाबर अच्छा सेनापति था और सैनिक था। मोर्चे में आगे रहकर दुश्मन से लड़ता था।
- रुकावटों और मुश्किलों को बाबर ने छलाँग लगाकर पार किया।
- जीतने का विश्वास था पर हार से परहेज़ नहीं किया।
- दुश्मन की फ़ौज का, ताकत का, मुल्क़ का—भूगोल का बारीकी से अध्ययन करने के बाद उसके अभियान की योजना बनती थी।
- प्रशासन और सल्तनत के साथ-साथ अपनी मूल्य-व्यवस्था भारत में लागू करने का प्रयास भी बाबर ने किया।

## भाऊ

- अवरोधों को पार करने की बजाय मुहिम मुल्तवी रखी। मुश्किलों को मौके में बदल नहीं पाया।
- आखिरी घड़ी तक निर्णय नहीं कर पाया कि लड़े या नहीं लड़े, कब लड़े, किन्हें साथ लेकर लड़े और क्यों लड़े।

- टुकड़ियों की दूरी, मन-मुटाव और तनाव को पाटने का, मतभेद मिटाने का प्रयास सेनापति के नाते नहीं किया।
- हर काम में, हर घड़ी देरी की। हालात उलट जाने तक रुका रहा।
- विश्वास खुद पर नहीं था। फ़ौज का विश्वास टूट गया।
- फ़ौज, मराठा फ़ौज को भी पता नहीं था कि वे क्यों, किसलिए लड़ रहे हैं।
- भाऊ का नेतृत्व प्रेरक नहीं था।
- अनुशासन में भाऊ काफी कमज़ोर रहा। मैदान में ढीला पड़ा।
- निर्णय में हुई देरी के कारण खन्दक में अपनी ही फ़ौज के मल-मूत्र व लाशों के ढेर में फँस गया।
- परम्परावादी होने के कारण मुहिम के दौरान भी पूजा-पाठ और तीर्थाटन के व्यवधान आते गये।
- 'गनीमी' छापामार आक्रमण शैली की बजाय भाऊ ने मैदान में जंग की, जिसमें मराठा निपुण नहीं थे। युद्ध का कोई खास मॉरल, मकसद या मिशन भाऊ के सामने न था। हो तो भी इतना उदात्त नहीं था, जिससे फ़ौज का आत्मविश्वास उन्नत हो, उछल पड़े।
- हर पड़ाव पर निर्णय की प्रक्रिया सार्वजनिक क्षेत्र की सरकारी कम्पनी की गति से बढ़ी।
- पराजय का फल पक-पककर 14 जनवरी, 1761 को भाऊ की गोद में आ टपका।

## शिवाजी

- विज़न और मिशन स्पष्ट था, पक्का था।
- मानव संसाधन के संवर्धन व उन्नयन का कसब कमाल का था।
- प्रसारित किये जा रहे मूल्यों पर खुद शिवाज़ी का प्रगाढ़ विश्वास था। मूल्यों को खुद भी आचरण में लाया।
- सूझ-बूझ बेहतरीन थी।
- मुहिम का आयोजन दुश्मन की ताक़त की, भौगोलिक परिवेश की पूरी जानकारी लेकर किया जाता था।
- आम जनता-प्रजा का अटूट भरोसा अर्जित किया।
- सेना और प्रशासनिक सेवकों को प्रेरणा और प्रोत्साहन दिया।
- अनुशासन की अवहेलना करने पर कड़े दंड दिये।
- मानव संसाधन और अपने मुल्क को व्यवस्थित बनाने पर पूरा ध्यान दिया।

- शस्त्रास्त्र और तकनीक से ज़्यादा महत्त्व अपने मावळों-सिपाहियों को और घने जंगलवाली पहाड़ियों को।
- मूल्यों के प्रति निष्ठा खुद रखी और प्रजा में, शासन में भी कायम की।
- लोक-हित की भावना, समाज-हित का मिशन लेकर स्वराज्य की स्थापना।
- शिवाजी के नेतृत्व में क्रांतिकारी द्रष्टा के–विज़नरी के सभी गुण थे।
- लोकतांत्रिक व्यवस्था में गहरा विश्वास।
- प्रजा को सुरक्षा दी, मूल्य दिये और दिशा भी।
- अपनी गुप्तचर व्यवस्था मज़बूत की।
- सही वक़्त पर अचूक निर्णय लेकर उसका तत्पर कार्यान्वयन किया।
- मुहिमें लचीली रखीं ताकि वक़्त पड़ने पर बचाव किया जा सके।
- सेना में और प्रजा में जीवन-मूल्यों के लिए मर मिटने की, त्याग और समर्पण की भावना प्रज्वलित की। कार्पोरेट गवर्नेंस का शिवाजी उत्तम मॉडल हैं।

संगठन या विभाग-विशेष का प्लान बनाने के सन्दर्भ में 'किपलिंग' की इन पंक्तियों को अक्सर उद्धृत किया जाता है–

*"I have six honest serving men*
*They taught me all that I knew*
*Their names were what and where and when*
*And How and why and who"*

इन छह स्ट्रेटेज़िक सवालों के अचूक और विश्लेषणात्मक जवाब से कार्य-योजना का समूचा खाक़ा अपने आप उभर आता है। यह कार्य-योजना घर, दफ़्तर, विभाग, देश या किसी भी संगठन, संस्था के स्वस्थ और सही संचालन की सर्वाधिक महत्त्वपूर्ण ज़रूरत है। समूचे संगठन का दिशा-निर्देश इस कार्य-योजना के तहत होता है। पिछली चर्चा में जिन महानायकों की मुहिमों का वर्णन किया है, इनमें संकेत यही मिलता है। इस योजना का निश्चय संगठन विशेष के सर्वोच्च स्तर पर किया जाता है। संगठन उसका अनुसरण, अनुपालन और अनुकरण करता है।

जापानी उद्योग-व्यापार के क्षेत्र में इन दिनों प्रचलित *'कैझान'* प्रणाली के अन्तर्गत किसी कम्पनी के कार्मिक समूह की कार्य-सीमा और दायित्व की धारणा इस प्रकार स्पष्ट की जाती है–

1. उच्चतर प्रबन्धक या अध्यक्ष और निदेशक
2. मध्य स्तर प्रबन्धन
3. पर्यवेक्षी कार्मिक
4. कार्मिक या फील्ड वर्कर्स।

उक्त स्केच का उ 'बी' क्षेत्र कार्य-योजना-एक्शन प्लान बनाने में संगठन विशेष के कार्मिकों का दायित्व--किस स्तर पर कितना है, स्पष्ट करता है। समूचे संगठन के संसाधनों को दिशा-निर्देश करने वाला स्तर मुख्यतः निदेशक स्तर का कार्मिक करता है। मध्यम स्तर का प्रबन्धक व्यूह-रचना के साथ-साथ कार्यान्वयन के लिए भी जिम्मेदार होगा। प्रबन्धन का पर्यवेक्षी-सुपरवायज़री स्तर कार्मिक शक्ति के कार्य निष्पादन के प्रति अधिक जागरूक रहेगा, व्यूहात्मक कार्य और दायित्व उसे लगभग न के बराबर पता होंगे। फील्ड वर्कर से अपेक्षा कार्य-योजना पता कर उसे सिर्फ कार्यान्वित करना होगा।

कोई संगठन उक्त प्रक्रिया को उल्टी दिशा में ले जाता है--कम्पनी का सी.इ.ओ. बजाय व्यूह रचना और निर्देश देने के फाइलों के ढेर में खो जाता है तो संगठन का दिशाहीन और अप्रगत रहना पक्का है।

व्यूह रचना के सन्दर्भ में छहों सवालों का सही आकलन और स्पष्टीकरण एक्शन प्लान को, संगठन की स्ट्रेटेज़ी को मज़बूत, सफल बना देता है।

1. पहला सवाल है--क्या? हम क्या करना चाहते हैं, हमारा उद्देश्य या लक्ष्य, मिशन क्या है? उदाहरण भारत का संविधान प्रिएंबल में निर्दिष्ट--सामाजिक, आर्थिक व राजनीतिक न्याय, समता, स्वतन्त्रता और देश के नागरिकों के बीच बन्धुत्व विकसित करना चाहता है। भारत नामक राष्ट्र-संगठन का यह लक्ष्य है, मिशन है।
2. दूसरा सवाल--क्यों? इसके जवाब में योजना का प्रतिबिम्ब उभरेगा।
3. कहाँ?--कार्यक्षेत्र, सेगमेंट की, भौगोलिक क्षेत्र की सही, पक्की जानकारी और निर्देश, समझ हो।
4. कब--कार्य-योजना में निहित कार्य, घटनाओं का क्रम, कैलेंडर या टाइम-टेबल।
5. कैसे? कार्यों का अनुमानित खाक़ा। पर्यायी प्लान, 'यू' टर्न या पीछे हटने की प्रक्रिया अवरोधात्मक हालात में तैयार रहे।
6. कौन--निहित कार्यों को कौन करेगा? कार्य आबंटन, तैनाती इत्यादि।

अब इसके पहले चर्चित तीनों महानायकों की कल्पित कार्य-योजना कागज़ पर उतारने का प्रयास करिये--

---------------------------------------------------------की व्यूह-रचना।

1. लक्ष्य (object) क्या (what) है।

   ----------------------------------------------------------------

   ----------------------------------------------------------------

2. उद्देश्य (purpose) क्यों–(कार्यान्वयन का मक़सद क्या है? लक्ष्य का पूरक है?)

---------------------------------------------------------------

---------------------------------------------------------------

3. कहाँ–कार्यक्षेत्र (where)–पक्का, सुनिश्चित है?

---------------------------------------------------------------

---------------------------------------------------------------

4. कार्यक्रम 'कब' (when) का टाइम-टेबल।

---------------------------------------------------------------

---------------------------------------------------------------

5. कैसे? (How) कार्य-प्रक्रिया कैसी होगी? फेल हो जाने पर पर्यायी प्लान क्या है?

---------------------------------------------------------------

---------------------------------------------------------------

6. कौन (who) कार्मिकों/सिपाही इत्यादि को कार्य आबंटन–कौन, क्या करेगा?

---------------------------------------------------------------

---------------------------------------------------------------

उक्त व्यूह-रचना यशस्वी या फेल हो जाने का कारण–क्या है–

1. योजना कार्मिकों को, फ़ौज को ठीक से समझायी।
2. योजना समझाने का तरीका कमज़ोर था।
3. व्यूह-रचना उत्तम थी पर कार्यान्वित करने वाले योजना से बेख़बर थे।

अब आप अपनी कम्पनी, दफ़्तर, घर या विभाग को लेकर बनायी गयी किसी भी योजना और व्यूह-रचना के सन्दर्भ में विश्लेषणात्मक अभ्यास कीजिए।

# 4. रोको नहीं, गंगा को बहने दो

(1)

अपनी टीम को एकजुट, अटूट बनाये रखने का प्रयास करने वाले प्रबन्धक, अधिकारी को महाभारत के आरम्भ में आने वाली स्वर्गीय अप्सरा गंगा की यह कहानी अवश्य याद रखनी चाहिए।

हस्तिनापुर में महाराज प्रतीप का शासन चल रहा था। शौर्य, धन, दर्शन और ऐश्वर्य अपनी भुजाओं के बल कमाकर अपनी प्रजा को हर प्रकार से सुखी और सम्पन्न देखने की उसकी कोशिश सफल ही होती थी। लोग भी सुखी थे। राजा से सन्तुष्ट थे। आन्तरिक या बाहरी कलह का नामोनिशान प्रजा में नहीं था।

लेकिन एक दुःख था, प्रतीप के जीवन में, उसकी कोई सन्तान नहीं थी।

आखिर गंगा के किनारे घोर तप करने के बाद शान्तनु नामक पुत्र-रत्न की प्राप्ति हुई। प्रतीप महाराज के जीवन का एकमात्र दुःख सुख के झरने में परिवर्तित हो गया।

एक दिन जंगल में शिकार खेलते-खेलते थककर राजा प्रतीप गंगा किनारे एक पेड़ की छाया में आराम करने बैठा। थोड़ी देर बाद निद्रा अचानक टूटी तो देखा कि अप्रतिम लावण्य की एक अप्सरा उनकी गोद में बैठ गयी है।

उसने कहा—"महाराज! मेरा दिल आप पर आ गया है। मैं स्वर्गीय देवकन्या हूँ। आप मेरा पाणिग्रहण करने की कृपा करें।"

हमारे जैसा कोई ऐरा-गैरा होता तो चकरा जाता। लेकिन प्रतीप की बात दूसरी थी। धर्म, तप, पुण्य और दायित्व भावना का वह मूर्तिमान आदर्श था। उसने जवाब में कहा—

"हे कल्याणी! पुरुष की दाहिनी गोद पुत्रवधू और बेटियों के लिए आरक्षित होती है। तुम बायीं जाँघ पर बैठतीं तो प्रस्ताव निश्चय ही मान लेता। इसलिए अब मैं तुम्हें पुत्रवधू के नाते स्वीकार कर सकता हूँ। मेरा पुत्र शान्तनु अत्यन्त शूर है। महान पराक्रमी है। तुम चाहो तो उसके साथ तुम्हारा विवाह..."

(2)

स्वर्ग अप्सरा ज़रा रुकी। फिर कहने लगी—"महाराज! आपका प्रस्ताव मुझे सहर्ष स्वीकार है पर एक शर्त पर..."

"क्या शर्त है?"

"मेरे आचरण के बारे में, व्यवहार पर, किसी भी हरक़त पर आपका पुत्र शान्तनु न नाराज़गी दिखाएगा, न आपत्ति उठाएगा, न मुझे मनचाही बात करने से रोकेगा। ज्यों ही शान्तनु इस शर्त को तोड़ेगा, मैं उसकी ज़िन्दगी से चली जाऊँगी।"

"ठीक है, इस बारे में मैं शान्तनु से भी बात करता हूँ। बाद में आप उचित निर्णय कर लीजिए।"

राजा प्रतीप हस्तिनापुर लौटा। गंगा नदी में अन्तर्धान हो गयी।

स्वर्गाप्सरा गंगा के बारे में सुनकर शान्तनु बेचैन हुआ। हर चीज़ में, प्रासाद में और हर ज़र्रे में उसे गंगा ही गंगा नज़र आने लगी।

और शिकार खेलते हुए शान्तनु अचानक रुक गया। इतना लावण्य, ऐसी नज़ाकत, अप्रतिम मार्दव और मदीर नेत्र और किसके हो सकते हैं...अलावा स्वर्गाप्सरा गंगा के। कमलपुष्प को अपने चेहरे को अदा के साथ कौन सहला सकती है। निश्चय ही यह वही अप्सरा है...

पहले तो दोनों एक-दूसरे को देखते रहे...देखते रहे...देखते ही रहे।

फिर शान्तनु ने प्रस्ताव रखा—मैं शान्तनु...तुम्हें अपनी भार्या बनाना चाहता हूँ।

—महाराज, मंजूर है, पर एक शर्त पर ...

—हे देवी, मुझे ज्ञात है तुम्हारी शर्त। मैं तुम्हें अपने ढंग से जीने, कोई काम करने या मनचाहे आचरण, व्यवहार से न रोकूँगा, न नाराज़ होऊँगा, न कभी आपत्ति करूँगा।

गंगा शान्तनु की बाँहों में आ कर कहने लगी...आप कितने महान और अच्छे हैं कि आपने इस अकिंचन को पत्नी के रूप में स्वीकारा...

## (3)

मैं भी कितना भाग्यशाली हूँ तुम्हें पाकर...शांतनु बोला।

देखते-देखते प्यार का पहला दौर...वैवाहिक ज़िन्दगी का एक साल बीत गया। गंगा ने एक सलोने पुत्र को जन्म दिया। हस्तिनापुर के राजा और प्रजा की खुशी का ठिकाना न रहा।

सुबह होते ही गंगा उठी। अपने शिशु को लेकर प्रासाद से चल निकली। राजा भी उसके पीछे-पीछे चल पड़ा। सोच रहा था—माँ भागीरथी के दर्शन करने नवजात शिशु सहित रानी चल पड़ी है। नदी किनारे आ कर गंगा रुकी। कुछ बुदबुदाकर प्रवाह के बीचोंबीच नवजात शिशु को फेंक दिया। बच्चा डूबकर मर गया। लाश हो कर प्रवाह में बह गया।

स्त्री कभी-कभी क्रूर और भयंकर हो जाती है और कठोर हृदय के पुरुषों का भी दिल दहल जाता है, पर क्रूरता का यह घिनौना खेल, अपने ही शिशु को...

शांतनु शर्त में बँधा था। देखकर भी चुप रहा। चेहरे पर नाराज़गी की कोई लकीर न आने दी।

अगले साल गंगा की गोद से जो बच्चा पैदा हुआ वह पहले से भी ज़्यादा तेजस्वी था। लगता था संसार भर में उजियाला फैलाने स्वयं ब्रह्मा शांतनु के प्रासाद में अवतार ले चुके हैं।

गंगा दूसरे दिन भागीरथी के किनारे गयी और अपना बच्चा देखते-ही-देखते प्रवाह में डुबो आयी। शांतनु का कलेजा फट गया...यह स्त्री है या राक्षसिणी। इतनी क्रूरता तो जानवरों में भी नहीं होती। पर अलावा चुपचाप देखने के उसके हाथ में कुछ नहीं था।

दूसरे के बाद तीसरा, तीसरे के बाद चौथा, फिर पाँचवाँ, छठा, सातवाँ—एक-एक कर सातों पुत्रों की हत्या—अपनी प्रिय पत्नी के हाथों देखकर शांतनु पागल सा हो गया। उसने निर्णय लिया। अब की बार वह अपने वंश को उखाड़ फेंकने से रोकेगा गंगा को, हर कीमत पर।

आठवें प्रसव पर भी गंगा ने एक सुन्दर तेजोमय शिशु को जन्म दिया।

शांतनु ने पूरा बन्दोबस्त किया। रात भर नींद न आयी। बार-बार यही दृश्य उभरता सामने कि गंगा नवजात शिशु को लेकर भागीरथी के किनारे खड़ी है... मन्त्र बुदबुदा रही है...

## (4)

सुबह वैसा ही हुआ। वह भागीरथी के किनारे पहुँची। मन्त्र बुदबुदाया। प्रवाह में शिशु को फेंकने ही वाली थी कि शांतनु चिल्ला पड़ा..."रुक क्रूर डायन! अपने ही पुत्रों को बारी-बारी मरवा डालने वाली तू औरत है कि राक्षसिणी। क्या गुनाह था मेरा कि तुमने मेरे दिल को इतना जला-जलाकर राख कर दिया।"

"महाराज, आचरण, व्यवहार और हर काम में मुझे स्वतन्त्र रखने का आश्वासन आपने तोड़ दिया। लो, सँभालो अपने लाडले को। तुम्हारे संसार से मैं चली..." कहकर गंगा खुद भागीरथी में अन्तर्धान हो गयी।

प्रबन्धकों के एक सम्मलेन में यह कहानी सुनाकर मैंने कुछ सवाल रखे थे प्रतिभागियों के सामने—

1. सामाजिक इकाइयों—परिवार, स्कूल, जाति, राज्य की तरह हमारा कार्यालय भी एक सामाजिक इकाई है, संस्था है?
2. टीम की एकात्मता नेता के आदेश से कहाँ तक टिक पाती है?
3. शांतनु के जीवन से गंगा के चले जाने का मतलब क्या है?

4. गंगा की आज़ादी और लिये गये निर्णय, किये गये कार्य को समझने, जानने की परोक्ष या प्रत्यक्ष कोशिश, गंगा को अच्छा लगे—इस तरीके से क्या हो सकती है?
5. शर्त टूट जाने पर भी मान-मनुहार या जबर्दस्ती गंगा को अपने पास रखने का परिणाम क्या होता—शांतनु पर, शिशु पर, खुद गंगा और पूरे राज परिवार पर।
6. घर में बच्चे—पत्नी या पति या दफ़्तर में किसी कर्मचारी, स्टेनो, अधिकारी की गलती का विश्लेषण हम किस प्रकार करते हैं।
7. किसी के द्वारा की गयी गलती पर हमारी प्रतिक्रिया कब, क्यों और किस रूप में होती है।
8. मन लगाकर—गम्भीरतापूर्वक किये गये गलत कार्य और मूर्खतापूर्ण गलती में हम कहाँ तक अन्तर कर सकते हैं।
9. त्रुटि को रुकवाने या सुधारने के लिए हमारी प्रतिक्रिया उस त्रुटि के कारण होने वाले नुकसान से ज़्यादा घातक होगी। इसका ख़याल हम रख पाते हैं?
10. उक्त कथा-खंड को हम अपने ऊपर वालों-नीचे वालों या दफ़्तर के बाहर, घर इत्यादि में कहाँ तक—कितना लागू कर सकते हैं।

फीडबैक में आयी प्रतिक्रिया के आधार पर यह महत्त्वपूर्ण निष्कर्ष सामने आया था कि दफ़्तर भी एक सामाजिक संस्था है। हर सदस्य का यहाँ अपना अलग अस्तित्व है, महत्त्व है, रोल है। दूसरी ओर मात्र किसी एक सदस्य को लेकर कोई संस्था, कोई यूनिट या कोई दफ़्तर खड़ा नहीं किया जा सकता।

मतान्तर होता है, टीम को एकजुट रखने के तरीकों को लेकर। एक ने कहा था, हर देश का अपना सांस्कृतिक सन्दर्भ है और भारतीय सन्दर्भ में टीम को सिर्फ आदेश देकर ही काम में लगाया जा सकता है। दूसरे शब्दों में एक तरह की गुलामी का समर्थन इस मत में होता है। व्यक्ति की, व्यक्ति के रूप में, कर्मचारी या अधिकारियों की हैसियत, व्यक्तित्व, विचार, समर्पण, किसी चीज पर ध्यान दिये बिना, आदेश के कोड़े लगाकर समूह को एकजुट रखना बैलों, गायों, भेड़ों, बकरियों के लिए ठीक है। हम आदमी के मूल्य बदलवा सकते हैं, उसे मूल्यहीन नहीं बना सकते और यह प्रक्रिया बहुत धीमी होती है। अखंडित प्रयास ज़रूरी होते हैं। शान्तनु ने गंगा की मज़बूरी कभी समझी नहीं। बेचैन हुआ। अपने अन्दर-ही-अन्दर घुटता गया। गंगा से—अपनी प्रियतम लावण्यवती पत्नी से पहले वह दूर हटने लगा। यह अनबन और घुटन इस कदर

विनाश के कगार पर गयी कि गंगा ने राज-पाट, तमाम ऐश्वर्य छोड़कर—विभक्त होने का निर्णय अमल में लाया।

एक बुजुर्ग प्रबन्धक ने मज़ेदार-स्वादिष्ट सवाल उठाया था—भाई, मैं तो कई बार—कई लोगों को कोसता, रोकता, फटकारता हूँ। किसी ने आज तक हमें छोड़ जाने की बात नहीं की। उत्तर भी श्रोताओं से आये थे। कुछ बड़े ही मार्मिक थे।

एक — हर एक के अन्दर गंगा थोड़े ही होती है।

दो — हाँ, होती है, पर कुछ में झरना होता है, कुछ में बड़ी नदी...

तीन — गंगा का मतलब हर व्यक्ति में अपने क्षेत्र में नया, आकर्षक, आक्रामक और उपयोगी सृजन, योगदान करने की शक्ति-प्रवृत्ति।

चार — तो हम सब भी अपने-अपने अन्दर गंगा हैं और ऊपर वाला राजा शांतनु।

पाँच — असल में गंगा कहीं नहीं जाती। अपने ही घर में—दफ़्तर में रहती है। चली जाती है, सृष्टि रचाने की उसकी उर्वरक ताकत।

छह — मैंने इसलिए अपने सम्पादक पद से इस्तीफा दिया था। मैं पत्रिका अपने मन, दर्शन और चिन्तन के अनुरूप निकालना चाहता था। बॉस जब बोले कि ये मत छापो तो मेरी गंगा ने भी बोला—लो सँभालो।

सात — एक बार मैंने खून-पसीना एक करके—तीन हफ़्ते की छुट्टी खर्च करके प्रस्ताव तैयार किया। सामने रखते ही बॉस बोले—किसकी परमिशन से किया ये सब। गुस्से में, वो चीज़ मैंने उन्हीं के सामने फाड़ डाली। दिन, वक्त, मेहनत, खर्च करके इन्सान कोई चीज़ बनाता है तो उसका मतलब समझने वाला सामने हो। वरना ऐसी आपत्ति सुनकर लगता है, सीने पर लात मारी हो।

आठ — (एक महिला अधिकारी)—इस तरह की प्रतिक्रिया तो बच्चे भी देते हैं। फलाँ चीज़ मत करो, बोलेंगे तो बस, सब कुछ करना छोड़ देंगे।

नौ — एक बार घरवाली पर गुस्सा किया था मैंने। थाली उठाकर फेंक दी और चिल्लाया था—ये भी कोई खाना है—उस दिन से घरवाली ने खाना बनाने के लिए नौकर रखवा दिया। बात आयी, गयी लगी। पर लगता है, उस घटना ने हमारी गृहस्थी का रूप ही बदल दिया। खाने का स्वाद ही चला गया।

दस – बिना फटकारे सवाल या आपत्ति के बगैर भी कई चीज़ें की जा सकती हैं। शांतनु गंगा को आपत्तिजनक व्यवहार से यकीनन रोक सकता था।

ग्यारह – मेरी स्टेनो पहले हर नोट, पत्र खुद बना लाती। इतना सही, सार्थक प्रभावी और डिसेन्ट हुआ करता था ड्राफ्टिंग उसका कि लोग दंग रह जाते थे। एक दिन मामूली त्रुटि पर मैं उस पर बरस पड़ा। असल में बात कुछ और थी गुस्से की। पर उस दिन से वह उतना और वैसा ही करती है जितना और जैसा मैं कहूँ। मैंने एक समझदार, समर्पित और पूर्ण लड़की को खो दिया।

बारह – समीक्षा और चेतावनी का हमारा तरीका अक्सर ग़लत होता है। लोगों के दिल पर घाव करने में ज़रा मज़ा ज़रूर आता है पर नुकसान बड़ा होता है।

तेरह – गलती दो तरह की होती हैं। एक मूर्खतापूर्ण, दूसरी सृजनात्मक, कुछ करके दिखाने के लिए की गयी गलती स्वीकार्य होनी चाहिए। हमें पूरे मनोयोग से, ध्यान और मन लगाकर समझ लेना चाहिए कि गंगा अपने ही पुत्र को नदी में बहा क्यों देती है...आखिर एक स्त्री है वह, माँ है, फिर किस अनिवार्यता के कारण...

चौदह – त्रुटि, कमी या गलती ठीक समय पर, सही तरीके से रोकी जाए तो परिणाम अच्छे आते हैं वरना बात हाथ से निकल जाती है।

पन्द्रह – 'शांतनु गंगा' कहानी में गंगा शांतनु की आपत्ति सुनते ही उसके जीवन से पूर्णतः हट जाती है। एक तरह का तलाक लेती है। कार्यालय में भी हमने देखा है कि सम्मान पर ठेस लगने, फटकारे जाने पर लोग सुन तो लेते हैं, मज़बूरी होती है इसलिए फटकार झेल भी लेते हैं लेकिन उनमें और हममें दीवार खड़ी हो जाती है। एक-दूसरे में निकटता का अभाव एक का दूसरे के लिए मर जाना ही तो है।

सोलह – एक जगह मैंने पढ़ा था कि अस्सी प्रतिशत से भी ज़्यादा वैवाहिक जोड़े अपने पति या पत्नी के मन की गंगा को—काबू, नियन्त्रण, गुलामी के अंकुश से रोकना चाहते हैं और उनके मन की गंगा पहले-दूसरे साल ही रेत का मैदान बन जाती है। फिर बचते हैं दो समानान्तर बहती नदियों के निशान।

सत्रह – स्वस्थ दिमाग़ वाले हर व्यक्ति के आचरण, व्यवहार, हर कार्य का कुछ-न-कुछ मतलब होता है। बजाय उस व्यक्ति के प्रयास

रोकने के, देखा जाना चाहिए कि दूसरी बार वह सही और सफल हो।

अठारह – सही और सफल होना भी हर व्यक्ति की नज़र में एक-सा नहीं होता।

उन्नीस – एक कॉमन फैक्टर ज़रूर होता है न।

बीस – अच्छा होता कि शांतनु गंगा से ही बात छेड़कर बच्चे–किसी पराये को गोद लेने का प्रस्ताव स्वीकृत कर लेता। गंगा शायद न मानती पर कुछ रास्ता अवश्य बता देती।

या कहती कि राजा, तुम नादान हो। मुझे जिम्मेदारी का पूरा अहसास है। चिन्ता मत करो। ऐसा एक पुत्र दूँगी मैं तुम्हें जो दुनिया में सबसे महान होगा। सर्वशक्तिमान, योद्धा, दृढ़निश्चयी, पराक्रमी और लम्बी उम्रवाला पुत्र तुम्हें दूँगी। लेकिन तू-तू और मैं-मैं में खेल ख़त्म हो जाता है।...स्वाद चला जाता है।

इक्कीस – यार आपने तो कथा का सार्थक हिस्सा बताया ही नहीं। गंगा पर क्रूरकर्मा का आरोप शांतनु ने बार-बार लगाया हो पर जाते-जाते वह शांतनु की गोद भर गयी। देवव्रत भीष्म जैसा महान पराक्रमी, त्यागी पुत्र दे गयी। भीष्म के अभाव में महाभारत कितना फीका पड़ता जरा सोचिए। इसलिए हमें किसी ग़लत लगने वाले कार्य की तह में जाकर विश्लेषण करना चाहिए। फिर अपनी राय देनी चाहिए।

मैंने आखिर में कहा था–बहुत प्रसन्न हूँ–देखकर कि बात को आप मुझसे भी आगे, ऊँचा और गहराई तक ले गये हैं।

**अभ्यास :** घर में एक बात करने से आपने अपने पति/पत्नी को बुरी तरह से रोका। याद करिये उस घटना को। अंजाम हुआ था यह कि दोनों तरफ़ एक अकर्मण्यता का, उदासी का, तनाव और बिखराव का दौर आया था।

सिर्फ याद करिये, लिखिये नहीं और आचरण में अनुकूल सुधार लाने के लिए कार्मिकों या परिवारजनों के साथ बात करने का तरीका बदलिए। गंगा आप ही के आँगन में बहेगी-रहेगी।

# 5. थूकती है दुनिया राष्ट्र के मुँह पर

भाषा-विषयक गोष्ठी के उद्‌घाटन के अवसर पर मेरा छोटा-सा भाषण हुआ था। इस भाषण का ख़ाका बनाते वक़्त मैंने सोचा भी नहीं था कि लोग खासकर महिलाओं को इसमें शिकायत या नाराज़गी व्यक्त करने का मौका मिल पायेगा।

मेरे साथ मंच पर गोष्ठी के आयोजक, उनके सहयोगी, उच्चाधिकारी, महाराष्ट्र इकाई के प्रमुख और कार्यक्रम संचालन करने वाले थे।

हुआ यह कि मैंने महाभारत के मुख्य चरित्र—द्रौपदी के माध्यम से अपनी बात स्पष्ट करने का प्रयास किया।

इस देश की तमाम भाषाओं की हालत महाभारत रचाने वाली द्रौपदी जैसी हो गयी है। द्रौपदी का यह रूपक आप हर प्रकार से हमारी भाषाओं की हालत पर लागू कर सकते हैं।

एक से बढ़कर एक पराक्रमी योद्धा थे द्रौपदी के पति, धर्म, अर्जुन, भीम, नकुल और सहदेव। इन सबके सामने, भरी सभा में द्रौपदी कलंकित, बलात्कारित हुई।

दुर्योधन को मालूम है कि यह स्त्री ही पाण्डवों को उकसाने वाली प्रेरक शक्ति है, हर तरह से इसलिए पाण्डवों के सम्मान को तोड़ने का यह बेहतरीन हथियार है। शकुनि इस नाटक को बड़ी धूर्तता, चालाकी और कलात्मकता के साथ चरम बिन्दु तक ले आता है।

बात युधिष्ठिर के रत्नहार हारने से शुरू होती है। फिर हाथ से राजकोष निकल जाता है। रथ, दास, दासी, अश्व, स्वर्णकोष, राज्य, राजधानी और खुद के साथ-साथ चारों भाई—पाँच पाण्डवों को भी युधिष्ठिर जुए में हारकर दुर्योधन के हवाले कर देता है।

इन सबके बाद धर्मराज के पास क्या बचा है—मामा शकुनि की नज़र से यह बात छूटती नहीं। दुर्योधन-धर्मराज का खेल जारी है। दुर्योधन की जीत का, युधिष्ठिर की हार का सिलसिला ख़त्म नहीं होता है।

जुआरियों के सामने सवाल है कि धर्मराज अब किस चीज़ को दाँव पर लगाये। राज्य चला गया। मतलब जिस किसी चीज़ पर उसकी सत्ता थी, वे

तमाम चीज़ें राजा युधिष्ठिर के हाथों से चली गयी हैं। खेल में वह अपने-आपको खो चुका है। इसका मतलब भी यह है कि अब वह दुर्योधन का दास, गुलाम हो चुका है। अब दुर्योधन धर्मराज को उसके भाइयों को चाहे जितना झुका सकता है, पीट सकता है, लताड़ सकता है।

शकुनि का षड्यंत्र कितना गहरा है–देखिए। उसे मालूम है कि द्रौपदी मज़ाक-मज़ाक में दुर्योधन के सम्मान पर प्रहार कर चुकी है। दुर्योधन का अहंकार आहत है। दूसरी ओर यही औरत–द्रौपदी पाण्डवों को उकसा-उकसाकर लड़ाई, युद्ध में जय-पथ पर दौड़ा सकती है। शकुनि जानता है कि स्वभाव से स्त्री बड़ी कठोर, कर्मठ और आक्रामक होती है। पाँचों भाइयों को इसने–द्रौपदी ने अलावा प्यार, सुख और सन्तोष के ज़िन्दगी और प्रेरणा भी दी है, जिलाये और जलाये रखा है। इस स्त्री में अपने शील को शस्त्र बनाकर बैरियों पर जय पाने का अद्‌भुत सामर्थ्य है। ताने मार-मारकर मज़ाक करते हुए तो कभी उमड़कर दुर्योधन, महारथी कर्ण पर फिक़रा कसने की, हँसने की, खिल्ली उड़ाने की हिम्मत पाण्डवों की इस पत्नी में है। पाण्डव अब हार गये हैं, दास हो गये हैं हमारे...

–शकुनि ने ललकारा, "मेरे बन्धु अब क्या लगाओगे दाँव पर?"

पाण्डवों की गर्दनें घुटनों तक झुकी हुईं। धर्मराज ने इशारा करके सूचित किया अब हमारे पास कुछ नहीं बचा, हम पाँचों कंगाल हो गये हैं, पूरी तरह रिक्त हो गये हैं। हमारी ओर से खेल ख़त्म हुआ, हम स्वीकार कर लेते हैं कि अब से–धर्मराज, बलवान भीम, धनुर्धर अर्जुन, नकुल और सहदेव आपके दास हैं। हम हाथ जोड़ते हैं, प्रणाम के लिए नहीं, शरण माँगने वाले एक याचक की हैसियत से।

दुर्योधन को, अपने भांजे को, शकुनि मामा ने आज्ञा दी कि, "पाण्डवों को अपनी शरण दो। ...गर्दन मत झुका यार। द्रौपदी है तुम्हारे पास। राज पाट, कोष, रथ और अश्व जैसी चीज़ों का क्या–आज हैं, कल नहीं। पुरुष की वास्तविक शक्ति, सम्मान और सम्पत्ति उसकी स्त्री है। जब तक कोई उसे दाँव पर नहीं लगाता तब तक खेल में और खासकर जुए में जान नहीं आ पायेगी। दाँव पर अब द्रौपदी लगाओ, द्रौपदी..."

राजसभा हाय...हाय, धिक्...धिक् से गूँज उठी, मामा शकुनि यह क्या कह गये। धृतराष्ट्र और पाण्डु की बहू, कृष्ण की बहन और पाण्डवों की पत्नी दाँव पर...धिक् शकुनि...धिक्...

सिंहासन हाथ में हो तो व्यक्तिगत सम्बन्ध बड़ी हद तक ढीले पड़ जाते। शकुनि मामा खेल के आरम्भ में ही रानी और दासियों को भी दाँव पर लगाने की बात चलाते तो शायद बात न पाण्डवों को अखरती, न कौरवों को, लेकिन

सब कुछ लुट जाने के बाद, हाथ से निकल जाने के बाद गुलाम और गरीब बने आदमी के पास आखिर में स्त्री ही तो रहती है।

दुर्योधन ने आदेश दिया कि "चाचा विदुर जी, आप उठा ले आइए द्रौपदी को।"

एक बुजुर्ग की हैसियत से विदुर ने दुर्योधन को इस गन्दे खेल को रोकने की बार-बार अपील की। लेकिन मिली सफलता और मस्ती ने उसे अन्धा बना दिया था। "द्रौपदी! दरबार में उपस्थित हो द्रौपदी...दाँव पर लगेगी द्रौपदी..." दुर्योधन गरजा।

"महाशय" विदुर की तरफ देखते हुए दुर्योधन चिल्लाया..."नमक हमारा खाकर, आप पाण्डवों की इज़्ज़त और भलाई चाहते हैं। हटिये...बेईमान और बुजदिल लोग हमारे किसी काम के नहीं हैं...प्रतिकामी, तुम जाओ और दासी द्रौपदी को ले आओ।" दुर्योधन ने आदेश दोहराया।

प्रतिकामी रनिवास के द्वार पर जा खड़ा हुआ, बोला..."महाराज दुर्योधन के साथ द्यूत के खेल में पाण्डव सब कुछ हार गये हैं। दाँव पर अब आपको लगाना तय हुआ है। आप यथाशीघ्र मेरे साथ चलिए।"

जवाब में किये गये द्रौपदी के सवाल तेज़ और तर्क अकाट्य, मार्मिक थे।

उसने सवाल किया—"हारा कौन?"

प्रतिकामी बोला—"तमाम पाण्डव।"

"अब स्थिति क्या है?" द्रौपदी ने पूछा।

"अब वे दुर्योधन महाराज के दास हैं।" प्रतिकामी।

..."तो अपने महाराज दुर्योधन और उनके मामा शकुनि से पूछकर आओ कि सर्वहारा का अपनी पत्नी पर कोई अधिकार होता है? वे हाँ कहेंगे तो मैं आऊँगी और दाँव पर भी लग जाऊँगी।" कहा द्रौपदी ने।

प्रतिकामी निरुत्तर हुआ।

विदुर और प्रतिकामी के खाली हाथ लौट आने से दुर्योधन और खौल उठा। दुःशासन को आदेश दिया गया कि "दुःशासन, इस घमण्डी औरत को तुम खुद यहाँ खींच लाओ। कोई दलील, कोई तर्क अब मैं नहीं सुनना चाहता। जाओ और द्रौपदी को उपस्थित कर दो इस महफिल में।" दुःशासन उठकर रनिवास की तरफ चल पड़ा। पाण्डवों का घमण्ड भरी सभा में उतारने का गौरवपूर्ण दायित्व उस पर आ पड़ा था। द्वार खोलकर सीधे अन्दर प्रवेश करते हुए पुकारने लगा... "द्रौपदी...द्रौपदी...द्रौपदी कहाँ हो तुम..."

"विश्राम कर रही हूँ आर्य ..."

"चलो। कौरवराज दुर्योधन के आदेशानुसार मैं तुम्हें सभा में ले जाने आया हूँ।"

"मैं एकवस्त्रा हूँ, इस समय नहीं आ सकती।"

"तुम्हें आना होगा। सीधे नहीं तो जबरन तुम्हें ले जाऊँगा।"

देवर के तेवर और आक्रामक मुद्रा देखकर द्रौपदी कम्पित हुई। उठकर कौरवों के रनिवास की ओर दौड़ पड़ी। शायद गान्धारी माँ इस संकट की घड़ी में मदद करें।

—द्रौपदी भाग रही थी कि दुःशासन ने तत्काल झपटकर हाथ पकड़ा। लगा जोर-जोर से खींचने।

"दुःशासन, कुछ शर्म करो। मैं भाभी, भावज लगती हूँ तुम्हारी।"

"भावज नहीं, तुम दासी हो दासी।" द्रौपदी ने सुना। अपनी कलाइयाँ जोर लगाकर दुःशासन की मुट्ठी से छुड़ाकर, फिर भागने लगी।

दुःशासन का माथा ठनका। बलवान, धनुर्धर, शूर-वीर पाण्डव घुटने टेककर दास बन चुके हैं और ये स्त्री है कि बार-बार हाथ से फिसल रही है। फिर झपटकर उसने द्रौपदी की चोटी पकड़ ली। लगा खींचने।

"कौरवराज, मुझ पर रहम करो, मैं एकवस्त्रा हूँ, इस हालत में तुम्हारा विरोध नहीं कर सकती। मैं हटकर न तुम्हारा सामना कर सकती हूँ। न विरोध कर सकती हूँ। मेरी हालत पर दया करो...।"

"मुझे तुम्हें सभा में लेकर जाने का आदेश है, मैं तुम्हें सभा में लेकर ही जाऊँगा। चलो..." द्रौपदी के बाल उसने ज़ोर से खींचे। वह तिलमिलायी।

"नराधम, सोचो तुम क्या कर रहे हो..."

"द्रौपदी को खींच रहा हूँ..." दुःशासन ने निर्लज्ज हो कर कहा।

"यह अन्याय है, दुःशासन।"

"कुछ भी हो, तुम्हें जीतने का मजा कुछ और ही है।" दुःशासन ने कहा।

"कम-से-कम इतनी तो कृपा मुझ पर करो। मैं एकवस्त्रा हूँ, थोड़ी मोहलत दो। मैं फिर चली आऊँगी सभा में। सबके सामने इस दशा में मुझे मत ले चलो।"

"शर्म आती है" दुःशासन ने हँसकर और द्रौपदी के बालों को झटका देकर, खींचकर कहा। द्रौपदी ने गिरते-गिरते अपने आपको सँभाल लिया।

द्रौपदी एक हाथ से आँचल पकड़कर दूसरे हाथ से अपने बाल दुःशासन की मुट्ठी से छुड़ाने की कोशिश कर रही है। दुःशासन उसे खींचते हुए, धकेलते हुए, लताड़ते हुए सभा की ओर चल रहा था और वह असहाय, बेबस सभा में बैठी भीड़ की ओर घसीटी जा रही थी।

दलीलें, सवाल, तर्क, धमकी—एक भी चीज़ का दुःशासन पर असर नहीं हो रहा था। बालों को खींचते, धक्के देकर, ठुकराकर—रानी द्रौपदी को उस सभा में लाया गया, जहाँ पाण्डव थे, कौरव थे, पितामह भीष्म, द्रोण, विदुर जैसे बुजुर्ग नतमस्तक बैठे थे।

"कौरवराज, मामा शकुनि और हारे हुए तमाम पाण्डवो, देखो, मैं किसको लेकर आया हूँ।" गर्व से दुःशासन चिल्लाया।

सभा की नज़रें मुड़ीं। असहाय द्रौपदी थी। उसके बाल दुःशासन के हाथ में। द्रौपदी का एक हाथ बाल छुड़वाने में और दूसरा आँचल सँवारने में अब भी लगा था।

तमाम बुजुर्गों ने अपनी नज़रें झुका लीं। धर्मराज दोनों हाथों से माथा पकड़कर नीचे देखने लगे। भीम, अर्जुन, नकुल, सहदेव नज़रें झुकाने के अलावा कुछ नहीं कर पाये। दुर्योधन के छोटे भाई विकर्ण ने साहस बटोरा। चिल्लाकर कहने लगा।

"भाई, किसी स्त्री को इस तरह जलील न करें। उसके पति तुम्हारे दास हों, फिर भी उसका अपना चरित्र है, व्यक्तित्व है, शील है।"

बिना विकर्ण की बात पर ध्यान दिये दुःशासन ने द्रौपदी के बालों को झँझोड़ा और दूसरे हाथ से उसका आँचल ज़ोर से खींचा।

द्रौपदी का आँचल सरेआम गिरा दिया गया।

द्रौपदी के आक्रोश से सभा काँप उठी।

फिर द्रौपदी ने जलती निगाहों से पाण्डवों—अपने पतियों को देखा। पति-पत्नी की नज़रें मिलीं।

—देखते नहीं भरी सभा में मेरी इज़्ज़त लूटी जा रही है, मेरा शील सरेआम भ्रष्ट कर रहे हैं कौरव...

पाण्डव विवश थे। उनकी नज़रें और गर्दन झुक गयीं। भीम को अन्दर ही अन्दर गुस्सा आया। अपने भाई युधिष्ठिर पर गुस्सा करके और बदला लेने की कसम खाकर भीम तक ने पुनश्च नज़रें झुकायीं।

दुःशासन ने फिर एक बार साहस बटोरकर द्रौपदी का आँचल पकड़ा। अब की बार द्रौपदी ने अपना मुँह दोनों हाथों में छिपाया। सतीत्व रक्षा का प्रयास इससे आगे सफल हो पाने की कोई उम्मीद बची नहीं थी।

इस तरह द्रौपदी बेइज़्ज़त होती गयी। पराक्रमी भाइयों की पत्नी के वस्त्र—उन पतियों, गुरुजनों, बुज़ुर्गों और बिरादरी वालों के सामने उतारने का प्रयास किया गया। अनादर, अपमान, ज़बरदस्ती घड़ी भर के अन्दर तेजस्विनी सम्राज्ञी को भी किस प्रकार राख का ढेर बना देते हैं इस बात का यह ज्वलंत उदाहरण है...

श्रोताओं से अपील और मंच पर बैठे हुए महानुभावों की ओर संकेत करते हुए मैंने कहा था—भारतीय भाषाओं की हालत आज बेइज़्ज़त हो रही द्रौपदी के बराबर हो गयी है।

समाज, पुरुष और भाषा के बीच, दोस्तो, वही सम्बन्ध होता है जो कि पाण्डवों और द्रौपदी के बीच था, कुन्ती और पाण्डवों के बीच था। प्रियतम और श्रेयतम की श्रेणियों में इन्सान अपनी माँ या पत्नी को सबसे ऊँचा रखता है।

किसी के अहम पर चोट करने का साधन—सबसे प्रभावी, तीखा और मर्म-भेदक तरीका शायद इसलिए यह है कि उसकी माँ या पत्नी को जलील

किया जाता है, माँ और पत्नी के नाम ग़ाली दी जाती है। सच्चाई यह है कि व्यक्ति हर ज़लालत या चोट खुद पर बड़ी आसानी से झेलता है, दुबारा अपनी हालत सँवारने, सुधारने लगता है। दूसरी ओर इन्सान अपनी माँ की या पत्नी की बेइज़्ज़ती देखकर पूरी तरह टूट जाता है, असन्तुलित हो जाता है, पौरुषहीन हो कर रह जाता है या इतना उद्वेलित हो जाता है कि आक्रमण में दूसरे पक्ष को दबोच लेता है, ग्रस लेता है, तहस-नहस और बर्बाद कर देता है। उस आक्रमण के प्रभाव में बड़ी-बड़ी ताकतें और सिंहासन तक हिल जाते हैं...

भाषा की—भारतीय भाषाओं की द्रौपदी को हमारे ही बीच के कौरवों ने जलील करने का षड्यंत्र और सिलसिला कई दिनों, कई सालों से जारी रखा है। खुद पाण्डव—जिन्हें कि द्रौपदी की, अपनी भाषा की इज़्ज़त और रखवाली करनी चाहिए, मजा ले-लेकर देखते आये हैं कि सरेआम बेआबरू-कमज़ोर की जाती हुई उनकी भाषा अन्दर से कितनी उत्तेजक है।

बात यह नहीं कि यहाँ लोग नासमझ हैं। सब वास्तव में समझते हैं कि भाषा अपनी रगों में बसती है। हम में से हर एक ने माँ के दूध के साथ-साथ माँ की अपनी भाषा भी पी ली है। इसी दूध और भाषा से हममें से हर एक का व्यक्तित्व बना है। माँ का दूध सिर्फ दूध ही नहीं, मातृत्व का सार होता है। इसी प्रकार माँ से अर्जित भाषा भी व्यक्तित्व में तमाम, अच्छे और सच्चे तत्त्व प्रदान करती है। इन्हीं के सहारे आदमी जानवर से इन्सान बन जाता है। अपने परिवेश, देश, समाज और संसार से जुड़ सकता है...

इन्हीं पोषक तत्त्वों का संरोपन एक सीमा के बाद पत्नी करती है। दुर्योधन ने निशाना सही लगाया था। दास बनाने, लताड़ने, तड़पाने पर भी पाण्डवों का थोड़ा-बहुत तेज़ और सम्मान बच जाता। पर द्रौपदी को खुलेआम बेइज़्ज़त करने से जो प्रहार और चोट पाण्डवों पर होगी उससे पाण्डव कहीं के नहीं रह गये।

हम भारतीय लोगों की हालत जुए में हारे हुए, दास, गुलाम हो गये पाण्डवों जैसी है। दुर्योधन ने द्रौपदी को दासी, दोयम दर्जे की औरत बनाकर इसे आज़ादी—खोया हुआ सिंहासन दिया। ध्यान से, नज़दीक से देखने पर ऐसे-ऐसे लांछन नज़र आते हैं इसमें कि दुनिया वाले हमारे मुँह पर छिः-छिः करके थूक दें। अदालत में सुनवाई होती है। दो वकीलों और न्यायाधीशों के बीच कार्रवाई अंग्रेज़ी में चल रही है। पक्षकार समझ नहीं पाते कि क्या-क्या बातें हो रही हैं। अंत में मेहरबानी की जाती है, न्याय माँगने वालों को उनकी भाषा में—दो वाक्य कहकर कि भैया, तुम बरी हो गये...कि अगली तारीख मुकर्रर हो गयी...कि तुम्हें फाँसी हो सकती थी लेकिन मैंने बचा लिया...सात साल की कैद हो गयी ...इसके पहले जो ज़िरह हुई हम कौरवों के बीच, वह तुम्हारे काम की, बस की बात नहीं थी।

लोकभाषा का मखौल उड़ाना किसी खास वर्ग, समूह या विभाग की नहीं, बल्कि हम सब भारतीयों की ज़िम्मेदारी है, गाँवों में ही नहीं, आजकल महानगरों में भी गँवार, भेड़, बकरे, ढोर बसने लगे हैं। अपनी व्यावसायिक सीक्रेट, प्रशासन, गणतंत्र जैसी चीज़ें उन तक, उनकी साफ, सीधी-सादी भाषा में पहुँचाने में बड़ा ख़तरा है, इससे लोगों की, भारतीय भाषा बोलने वाली जनता की माँग उठेगी। वे अपना हक़, अपने फल, अपने प्रशासन, अपने तंत्र में बराबरी का हिस्सा माँगेंगे। इस ख़तरे से बचाव का एकमात्र रास्ता है—जनता और देश का संविधान जिसे राजभाषा का स्थान देकर सम्मान का ताज़ पहना चुका है उसे, उस भाषा की द्रौपदी को—भारतीय भाषाओं को नंगा, जलील करने का सिलसिला जारी रखो। लोगों में इससे ग्लानि फैलेगी। हमारा काम बन जाएगा। इसलिए शिक्षा-दीक्षा होगी परायी भाषा के माध्यम से। स्वराज और सुराज को जन्म देने का सपना, देख रही जनता के पेट पर मौका पाते ही दो-चार लातें लगा दो। पल रहा लोकतंत्र का गर्भ, अपने आप गिर जाएगा।

सरकारी कार्यालयों में सबसे ऊँची कुर्सी पर बैठा दुर्योधन सिर्फ अंग्रेज़ी को अपने दिल में स्थान दे पाता है। हिन्दी और भारतीय द्रौपदियाँ क्लर्क और चपरासियों की मेहरबानी पर दिन काट रही हैं। स्नान के लिए कभी-कभार अत्यधिक मज़बूर हो जाने पर बाबू दावा जरूर करता है कि हमारी भाषाओं का स्थान, सवैधानिक दर्ज़ा बहुत ऊँचा है।

मज़बूर हो कर हिन्दी भाषा का प्रयोग करने की घड़ी गुज़रने, बातों के छेड़े जाने के बाद बाबू अन्दर ही अन्दर कोसता है खुद को कि मैंने क्या किया?

युग था एक इस देश में जब संस्कृत साधन-सम्पन्न लोगों के लिए हथियार थी। इस सदी में हमने देखा और आने वाली सदियों में भी हम देखेंगे, संस्कृत के हथियार से घायल लोगों ने—देश की बड़ी संख्या के लोगों ने क्या-क्या झेला होगा। कितनी वंचना और प्रताड़ना मिली होगी उन्हें।

अंग्रेज़ की अंग्रेज़ी का मतलब और दबदबा दूसरा था। अब ये अंग्रेज़ी इस इलाके में धूर्त्त, स्वार्थी लोगों के हाथ आ कर हथियार का काम करती है। किसी सरकारी कचहरी से निकली अंग्रेज़ी भाषा की चिट्ठी पर हस्ताक्षर करने वाला बखूबी जानता है। जानता है इसलिए वह लोकतंत्र की बार-बार हत्या करता है ...लोकभाषा की साड़ी सबके सामने, सीना तानकर उतारता है—फिर—सब कुछ हार जाने के बाद लोकतंत्र का लोक अलावा हाथ मलने, कसमें खाने के करता कुछ नहीं।

दुर्योधन, दुःशासन, शकुनि मज़े ले-लेकर...हमारी द्रौपदी निहत्थी, निराधार, लाचार और बेबस हो कर खड़ी है, कोई माई का लाल नहीं इस जहाँ में जो

अत्याचारियों को सामाजिक बलात्कार करने से रोकने की ताकत और जिग़र रखता हो।

लगभग इसी बिन्दु पर अपना भाषण ख़त्म करके मैं बैठ गया। गोष्ठी समाप्त हुई। मैं वहाँ से चला आया।

दूसरे दिन मेरे बॉस ने कार्यालय में आते ही मुझे फटकारना शुरू किया। मेरे बारे में उनके पास कल के भाषण को लेकर शिकायतों का खज़ाना पहुँचा था। उनका कहना था–

1. द्रौपदी का मिथ भाषा पर आरोपित नहीं करना चाहिए था मुझे।
2. द्रौपदी वस्त्रहरण की बातें सुनकर महिलाएँ गुस्सा हो गयीं।
3. मंच पर बैठे उच्चाधिकारी और अतिथि की ओर देखकर मैंने संकेत किया कि आप पाँच पाण्डव हैं।
4. द्रौपदी की कहानी सब जानते थे। दोहराने की बजाय अपना वक्तव्य मात्र कह देते।
5. लोगों में हंगामा और हलचल पैदा करना, उन्हें उकसाना मेरा मक़सद था।
6. यह रूपक लाख सही हो पर अत्यन्त नाज़ुक है। इसका–ऐसे मिथकों का प्रयोग मैं न करूँ।
7. अंग्रेज़ी का प्रयोग करना मतलब एक बलात्कार है, अन्याय है इससे मैं भी आहत हुआ। सहूलियत हमें अंग्रेज़ी में काम करने से होती है तो रोकने वाले तुम कौन हो?
8. कुछ कार्य इतने महान, कठिन, उलझन भरे होते हैं कि हिन्दी भाषा उन्हें निभा नहीं सकती। दुनिया के साथ दौड़ने के लिए दौड़ने वाली अंग्रेज़ी की ज़रूरत हैं, रेंगने वाली हिन्दी की नहीं।
9. सेवा, प्रशासन, कॅरियर, शिक्षा–हर चीज़ में, हर क्षेत्र में आगे बढ़ने का रास्ता अंग्रेज़ी भाषा के सहारे कटता है। हिन्दी भाषा सम्मान और सफलता के नाम पर कुछ नहीं देती।
10. हिन्दी की–हिन्दी भाषा की वकालत करने से तुम हम लोगों के ख़िलाफ़ षड्यंत्र रचाते हो–ऐसी धारणा पनपती है।

इन दसों आपत्तियों का निराकरण, स्पष्टीकरण लम्बे समय तक, विस्तार से किया जा सकता था पर बॉस के सामने–उनकी आपत्ति का खण्डन करते हुए अपनी बात का समर्थन करना समझदारी नहीं होती।

हाँ, मैंने इतना ज़रूर कहा कि भारत देश की भाषाओं को अब भी मैं द्रौपदी मानता हूँ जो इस समय हमारे ही हाथों बेइज़्ज़त हो रही है।

इतने कलंक, लांछन और तिरस्कार झेलकर भी इस द्रौपदी ने धर्मराज को युद्ध में लड़ने की प्रेरणा दी। भीम को, अर्जुन को उकसाया। उसके साथ खेलने-छेड़छाड़ करने की जुर्रत करने वाले हर शख़्स का चुन-चुनकर बदला लेने का नशा—अदम्य क्रोध पाण्डवों में उसने भर दिया। वरना, द्रौपदी के न होने से पाँचों भाई जलालत झेलकर भी खाते, पीते, सोते, जगते, खेलते और एक दिन मर जाते। समझौता करने से, हारने से, मैदान छोड़ने से द्रौपदी ने पाण्डवों को रोका। दुर्योधन, शकुनि, दुःशासन, द्रोण, भीष्म, कर्ण—एक-एक को, चुन-चुनकर द्रौपदी ने पाण्डवों के हाथों दुश्मनों का ख़ात्मा कराया

माँ और पत्नी की तरह भाषा इन्सान को प्यार, अधिकार और संस्कारों के सोच के साथ जीवन-संघर्ष की, कुरुक्षेत्र पर कब्ज़ा कर लेने की ताक़त भी प्रदान करती है। मैं चाहता था कि लोग आहत हों, बुरा मानें, सवाल करें कि हमारी हिन्दी भाषा बेइज़्ज़त नहीं होगी। हम उसकी रखवाली करेंगे। दुर्योधन और उसकी परायी ज़बान को धिक्कारेंगे, लताड़ेंगे।

खैर, जिन किन्हीं लोगों को गुस्सा आया, उनकी ज़िन्दादिली को मैं सलाम करता हूँ।

किसी समाज की भाषा का अनादर और अवहेलना का परिणाम क्या हो सकता है? सोचिए और दस मुद्दों का उल्लेख कीजिए।

1.

2.

3.

4.

5.

6.

7.

8.

9.

10.

# 6. सावित्री

महाभारत में एक कथा आती है। ऋषि मार्कण्डेय और युधिष्ठिर गप्पें मार रहे हैं बात औरतों की हो रही है, कि कौन-सी औरत अच्छी, आदर्श और आत्मीय है। चूँकि शादी नयी-नयी हुई थी। युधिष्ठिर का मानना था कि तीनों लोकों में द्रौपदी का मुकाबला नहीं है। कोसों तक उसके अस्तित्व की गन्ध दिन-रात महकती है। कौरवों के अन्दर हमारे बारे में जो दाह और जलन है उसका कारण दरअसल द्रौपदी का लावण्य है। यही लावण्य (मतलब नमक) किसी की ज़िन्दगी का जहर बनकर घर या बिरादरी को लड़ने के लिए उकसाता है लेकिन द्रौपदी है ही ऐसी स्त्री जिसका मुकाबला ही नहीं। कौरवों के तमाम दुःखों की व्याख्या में तुकाराम महाराज का यह अभंग हर जगह फिट बैठता है—

"दृष्टिमुखे मरण इंद्रियांचे द्वारे। लावण्य ते खरे दुःखमूळ!"

एक उमर के बाद लवण या नमक कम या वर्जित रखने की सलाह धर्म और समाज ही नहीं, आज का मेडिकल साइंस भी देता है।

ऋषि मार्कण्डेय बोले, "तुमने जो दुनिया देखी है कम देखी है। द्रौपदी से भी बढ़कर, द्रौपदी से कई गुना ज़्यादा चतुर, कई गुना रूपवती, कई गुनों से लदी स्त्रियाँ हैं इस दुनिया में। तुमने सावित्री का नाम सुना है कभी?"

मार्कण्डेय जी का सवाल सुनकर युधिष्ठिर के कान खड़े हो गये। क्या नाम बोला आपने?

मार्कण्डेय साहब बोले **"सावित्री"**।

"बताइये तो विस्तार में, मैं सुनने, जानने और सम्भव हो तो देखने के लिए भी बेचैन हो रहा हूँ।"

मार्कण्डेय जी बोले, तो सुनो। अश्वपति नाम का एक राजा था। विवाहित था लेकिन अट्ठारह साल की ज़िन्दगी गुज़र जाने के बाद भी गोद सूनी थी। काफी तपश्चर्या की। ऊपर वाला प्रसन्न हो गया। कन्या पैदा हो गयी। नाम रखा गया 'सावित्री'। मैं बात उसी सावित्री की बता रहा हूँ।

विवाह की उमर हो गयी तो राजा अश्वपति ने कन्या के सामने उसके लिए स्वयंवर रचाने का प्रस्ताव रखा। सावित्री बोली, आप चिन्ता न करें। मैं अपने वर की, अपने पति की तलाश खुद करूँगी। क्षमा करें, आपकी इच्छा या पसन्द के अनुसार मैं अपने जीवन साथी का चुनाव या निर्णय नहीं करूँगी। मुझे अपने वर की तलाश में जाने दीजिए।

सावित्री चल पड़ी। नगर के बाहर कई मील, कई कोस दूर जाने के बाद और घने जंगल में भटकते-भटकते वह एक कुटी के सामने आ पहुँची। एक ऋषि समान दिखने वाले बुज़ुर्ग आदमी को देखा। बात करने लगी तो अहसास हुआ कि अन्धा है।

"आपका नाम क्या है?" सावित्री ने पूछा।

बेटे हम राजा द्युमत्सेन हैं। शत्रु ने राज्य छीना, देश निकाला किया। अब मैं अपने पुत्र सत्यवान के साथ अरण्यवास भोग रहा हूँ। ऊपर वाले की मर्जी है। दृष्टि चली गयी। रची-रचाई सृष्टि भी गयी। अब बेटा है एक। कुछ ले आता है, दिन-दिन भर घूम-घूमकर, उसी से गुज़ारा होता है।

कहानी सुनते-सुनते उस शत्रु के प्रति क्रोध का बवंडर और अपाहिज पिता के पुत्र सत्यवान के प्रति आत्मीयता का सैलाब सावित्री के मन में उमड़ आया। फिर उस वृद्ध आदमी को अलविदा कह कर सावित्री मन में एक गाँठ मारकर चल निकली आगे। एकाध कोस की दूरी चलकर और एक नज़ारा उसने देखा, एक युवक था। देखते ही दिल में हलचल हुई। बात-बात में पता चला कि नाम उसका सत्यवान है। उसने निर्णय लिया कि सत्यवान का चुनाव वर के रूप में करेगी। एक इंच भी पीछे नहीं हटेगी। दिल की खलबली पसलियाँ तोड़-तोड़कर बाहर आने के लिए बेचैन हो रही थी। (हलचल, खलबली, बेचैनी सब कहने की बात है। थोड़ी देर के बाद ठण्डा, शान्त और जैसा चाहिए वैसा ही हो जाता है। इसलिए इन हरकतों पर ज़रूरत से ज़्यादा ध्यान हमें नहीं देना चाहिए।)

वापस हस्तिनापुर अपने पिता के पास आकर उसने फैसला सुना दिया कि वर के रूप में सत्यवान नामक वनवासी का चुनाव वह कर चुकी है। पिता अश्वपति चिन्ता में डूब गये। कैसे समझाएँ इसको कि वनवासी के साथ जंगल में निभाना क्या होता है। इसकी ज़िद को कैसे तोड़ा जाए। कैसे समझाएँ इसको कि राजकुमारों की कतार लाकर खड़ी कर सकता हूँ मैं। किसी को भी चुने लेकिन सत्यवान को दिल से निकाल दे। राजा अश्वपति घोर चिन्ता से घिर गये।

ख़बर नारद मुनि तक पहुँच गयी। वे अश्वपति के महल में पहुँच गये।

पूछा उन्होंने सावित्री से कि सुनी हुई बात सच है?

"कौन-सी बात मुनिजी।"

"तुमने वर और पति के रूप में सत्यवान नामक वनवासी युवक का हाथ थामने का निर्णय लिया है।"

"हाँ मुनिवर, मैंने निर्णय लिया है और इससे पीछे तिल भर भी हट नहीं सकती हूँ।"

"ठीक है, लेकिन एक सच्चाई तुमको बताना चाहता हूँ।"

"बताइए मुनिवर!"

"बेटा इसकी ज़िन्दगी का कॉन्ट्रैक्ट शादी के बाद से तीन सौ पैंसठवें दिन ख़त्म होने वाला है। बाद में सत्यवान की लाश के साथ कितनी जिन्दगी गुज़ारोगी।"

"प्रश्न मेरा है मुनिवर, आप चिन्ता न करें।"

राजा अश्वपति के दिल में दुःख के कई छेद पड़े। मुनिवर नारद जी की सलाह तक इसकी लड़की ने ठुकरा दी। दिल बैठा गधे पर तो....

नारद मुनि ने महल छोड़ने के पहले और कोशिश की। बेटा कॉन्ट्रैक्ट लांग टर्म होता तो मैं भी तुम्हें न रोकता, लेकिन एक साल के बाद तुम विधवा बनोगी।

विवाह हुआ, एक साल तक विवाह के बाद जो होता है, वह होता रहा। इस वाक्य पर खिलखिलाहट हुई थी। मुझे भी पता नहीं चला कि मैंने इसमें क्या मज़ाक किया।

आखिरी चार दिन बचे थे। सावित्री जानती थी क्या होने वाला है। व्रत और साधना उसने शुरू की। चिन्तन, मनन और तपन घना और घना होता गया।

ज़िन्दगी का आखिरी दिन है। वनवासी पति, पत्नी लकड़ी बटोरने अपनी कुटी से दूर निकल आये हैं। सत्यवान पेड़ पर चढ़ा। लकड़ी तोड़ने लगा। सावित्री बटोरने लगी।

आगे क्या हुआ आमतौर पर लोगों को पता होता ही है, सन्तुलन खोकर सत्यवान पेड़ से गिर पड़ा। सावित्री बचा नहीं पायी। सत्यवान के प्राण निकलने लगे या निकल भी गये। गोद में सत्यवान का सिर लिये अपनी आराधना और आक्रोश अधिक तीव्र किया सावित्री ने। महामार्ग से यमराज अपनी गाड़ी पर सवार हो कर आये। पार्किंग देखकर अपनी मोटर साइकिल खड़ी कर दी। तय ठिकाने पर पेड़ था, लकड़ियाँ बिखरी थीं। लाश थी। सत्यवान की लाश। सावित्री की गोद में सत्यवान का सिर था।

यमराज ने नजदीक आ कर धीरे-धीरे सत्यवान के प्राण उसके शरीर से निकाल लिये। फिर अपना बैग खोला। प्राण सँभालकर रख दिये बैग में। बिना पीछे देखे सीधे अपनी गाड़ी पर बैठे यमराज, किक मारने ही वाले थे कि अहसास हुआ, पीछे की सीट पर कोई बैठा है।

मुड़ कर देखा तो सावित्री है। बोले उतरो, "यह गाड़ी नॉन स्टॉप स्वर्ग को जाती है।"

सावित्री बोली, "मेरे पति के प्राण लौटा दो वरना मैं नहीं उतरने वाली गाड़ी से।"

"ज़िद मत करो, मेरे हाथ में तुम्हारे पति की जान का वारन्ट है। मुझे पता था कि तुम पक्की और जिद्दी हो इसलिए किसी एजेण्ट, सर्वेयर या मामूली दूत को इस एसाइनमेंट पर भेजने की बजाय मैं खुद आया हूँ। उतरो, देर हो रही है।"

सावित्री फिर बोली, "महाराज़ मेरा पति वापस दीजिए वरना मैं इस गाड़ी से नीचे नहीं उतरने वाली।"

यमराज चिन्ता में फँस गये। बिना वारण्ट के किसी की जान लेकर स्वर्ग में आना सम्भव नहीं होता। धर्म इसकी इज़ाजत भी देता नहीं। क्या करें, क्या न करें। सोचते-सोचते थक गये। सावित्री टस-से-मस नहीं हो रही थी। दूसरी ओर प्राण ले करके स्वर्ग में आने का उनका कार्यक्रम और आदेश बदलना उनके हाथ में नहीं होता है।

"कुछ और माँगो लेकिन सत्यवान के प्राण मैं नहीं दे सकता।" यमराज बोले।

कुछ सोचकर सावित्री बोली, "महाराज, दे सकते हो तो मेरे ससुर की दृष्टि लौटा दीजिए और उनके शत्रु द्वारा हथियाया हुआ राज्य भी लौटा दीजिए।"

यमराज ने अनुमोदित किया और काम हो गया। जिसने द्युमत्सेन का राज्य छीना था उसके ख़िलाफ़ बग़ावत हो गयी। उसकी हत्या हो गयी और जनता ने द्युमत्सेन को दुबारा राजा के रूप में घोषित किया। भारत में प्रजातंत्र परम्परा बड़ी पुरानी है। नज़र भी द्युमत्सेन की लौटी। पहले से तेज़ और चकाचक थी।

यमराज बोले, "और कुछ माँगना है तो माँगो लेकिन उतरो।"

सावित्री बोली, "मेरे पिता अश्वपति का कोई पुत्र नहीं है। मुझे भाई एक भी नहीं है। इसलिए मेरे पिता को सौ पुत्र दे दो।"

यमराज ने कहा, "तथास्तु।"

"जो आपने माँगा, मैंने दिया है, अब तो मेरी गाड़ी से उतरो।" यम ने कड़ी आवाज में कहा।

सावित्री आवाज सख़्त करते हुए बोली, "आपने जो दिया है औरों के लिए दिया है, मेरे लिए कुछ नहीं।"

"ठीक है, अपने लिए भी माँगो, लेकिन मेरा पीछा छोड़ दो।" यम ने कड़ककर कहा।

"यमराज चिल्लाना मुझे भी आता है और इतना जोर से चिल्लाऊँगी कि पूरा जंगल-का-जंगल गूँज उठेगा। बदनामी होगी आपकी, आप दुनिया को धर्म

का सबक़ और संयम सिखाने वाले देवता हैं फिर भी चिल्ला-चिल्लाकर कहूँगी कि....”

यमराज ने लम्बी साँस भरी और अनुनय के साथ कहा, “सावित्री जी, माँगो अपने लिए जो और जितना चाहती हो वो और उतना माँगो, लेकिन मेरी पीछे की सीट छोड़ दो, उतरो।”

सावित्री ने कहा, “एक ही चीज़ माँगती हूँ... गान्धारी की तरह वनस्ट्रोक नहीं, बल्कि एक के बाद एक करते हुए सौ पुत्र मुझे दे दो।”

यमराज ने उतनी ही तत्परता के साथ कहा, “स्वीकृत, मंजूर और अॅप्रूव्ड, अब तो उतरो।”

“आपने सौ पुत्र का वरदान तो दिया, बिना अपने पति के यह कैसे सम्भव है? अब बताओ।”

यमराज ने अपना माथा पीट लिया। देते-देते मैं यह भी क्या दे बैठा। उन्होंने ब्रीफकेस खोला, हाथ डालकर प्राण खोज लिए।

उधर सत्यवान धीरे-धीरे आँखें खोलने लगा।

धुँधला-सा उसने देखा सामने रोड है। रोड पर एक मोटरसाइकिल खड़ी है।

मोटरसाइकिल पर धुँधला-धुँधला सा देखा। आगे कोई है। हेल्मेट पहना हुआ है। तो चेहरा पता करना मुश्किल है। आँख फाड़कर देखा, लगा धक्का और कोई नहीं पीछे की सीट पर सावित्री बैठी है, उसकी जवान पत्नी।

सावित्री धीरे-धीरे गाड़ी से उतरी।

गाड़ी से उतरते ही सत्यवान की ओर दौड़ पड़ी। आमतौर पर भारतीय फिल्मों का जो अन्तिम दृश्य होता है वह इस प्रसंग पर होने लगा।

अपने व्रत, तप, प्रेम, समर्पण, हिम्मत, संघर्ष और धर्म बल से मृत्यु पर पायी विजय के जवाब में सत्यवान के अजीब सवाल सावित्री को सुनने पड़े थे, सवाल यों थे ...

- सावित्री, “.........”।
- “कौन था वह”—सत्यवान।
- “क्या बातें हो रही थीं”—सत्यवान।
- “कब से चल रही थीं बातें”—सत्यवान।
- “यह सब कबसे हो रहा है”—सत्यवान।
- “उस यम को कब से जानती हो”—सत्यवान।
- “तुमने क्या किया कि उसने मेरे प्राण वापस लौटाए”—सत्यवान।
- “क्या वजह है कि यमराज ने तुम्हारी बात मान ली”—सत्यवान।
- “कैसे यकीन करूँ कि तुम्हारा कहना सच है”—सत्यवान।

सत्यवान को शक़ के बवण्डर ने, तरंगों ने घेर लिया। सावित्री बार-बार और कसमें खा-खाकर सफाई देती गयी कि नासमझ, मैंने तुम्हारे लिए क्या-क्या किया, समझने की कोशिश करो। सत्यवान बिना मुड़े सावित्री की तरफ बिना देखे दूर जाने लगा। लपककर सावित्री ने उसको पकड़ा, "जाते कहाँ हो? अधिकार मेरा है तुम पर, इस जन्म में। अगले छह जन्मों के लिए भी मैं तुम्हें बुक कर रही हूँ इसके प्रतीक रूप और समर्थन में और करार के प्रमाण में मेरे साथ इस पेड़ के सात फेरे लगाओ।"

जाने-अनजाने, चाहे-अनचाहे सत्यवान ने उस वट के पेड़ के सात बार घेरा अर्थात् चक्कर लगाये।

लोग आज तक सावित्री को और उसके व्यक्तित्व को सिर्फ एक नज़र से देखते आये हैं। देखा उसे कई नज़रों से जाना चाहिए। अलावा सतीत्वं के और भी कई गुण इस चरित्र में हैं।

# 7. धर्मराज का कुत्ता

बॉस को अपने वश में लाने की चाह रखने वाले महत्त्वाकांक्षी कर्मयोगी महाभारत का आखिरी कथांश अवश्य देखें, ध्यान से पढ़ें।

राजमाता गान्धारी ने श्रीकृष्ण को शाप दिया कि अधमी, तुमने मेरे बेटों को मरवा डाला। अब तुम भी अपने आप को निर्वंश होते देखोगे। मामूली मौत मारे जाओगे। शापवश एक शिकारी ने भगवान पर तीर चलाया। कर्म-योग, न्याय और व्यवस्था कायम करने के लिए अवतरित व्यक्तित्व—एक आम—मामूली आदमी के हाथों मारा गया। इतिहास ऐसे किस्से बार-बार दोहराता है।

प्रभु वंश—यादवों में शाप से प्रभावित यादवी—अनार्की मच गयी। द्वारका में नशा ही नशा फैला। दूध नहीं, द्वारकावासियों ने शराब पीना और बंदरियों को पिलाना शुरू किया। धुत् हो कर उन्हें गले लगाने लगे, आपस में भिड़े, उलझे, मार-काट और गाली-गलौज घड़ी-घड़ी होने लगी। कत्ल होने लगे। आदर और सत्कार के पात्र, सम्मानित ऋषि-मुनियों के साथ गन्दे-गन्दे मज़ाक किये जाने लगे। द्वारका पुरुषहीन होने लगी। अप्राकृतिक इतनी कि प्रभु के बेटे के पेट में गर्भ रहा। मूसल को उसने जन्म दिया। बहू-बेटियों को दस्यु भगा-भगाकर ले जाने लगे। बेआबरू होने का दौर, कराहें, आक्रोश और ललकारें रुकी नहीं। भगवान अन्त तक सोचते रहे—यह क्या हुआ। पाण्डव राज का जी उकता गया। राजप्रासाद में, गद्दी पर, सिंहासन में अर्थ नहीं रहा, सूना और बेमतलब लगने लगा सब। काफी सोचकर भाइयों के सामने प्रस्ताव रखा, युधिष्ठिर ने कि इन्द्रप्रस्थ अब वज्रसेन के हवाले कर दिया जाए। हस्तिनापुर का तख़्त अब कुमार परीक्षित देखेंगे। अपनी योजना—जो एक तरह का त्यागपत्र था—युधिष्ठिर ने प्रजाजनों के सामने भी रखी। सबने मान ली। महाप्रस्थान कर रहे, धर्मराज के साथ प्रजा की भीड़ उमड़ी। धर्मराज सबसे आगे, भीम दूसरे नम्बर पर, फिर क्रमशः अर्जुन, नकुल, सहदेव और आखिर में द्रौपदी।

शोक में उमड़ा प्रजा का ज्वार उन सबके पीछे, लोकप्रिय नेता का साथ जनता एक सीमा तक देती है। फिर अलविदा कहती है, फिर नेतृत्व आगे निकल आता

है। यही होता है, होना ज़रूरी होता है। सात-आठ कोस दूर चलकर जनता वापस अपने शहर, घर लौटी। हस्तिनापुर के आहों का ज्वार धीरे-धीरे उतरता गया, शान्त हो गया। नन्ही लहर तक बची नहीं। पाँचों भाई चल रहे थे।

पीछे पांचाली—उनकी पत्नी चल रही थी।

इन पाण्डवों की महायात्रा में हस्तिनापुर का एक कुत्ता भीड़ से आगे निकल आया था।

कुत्ता पाण्डवों के पीछे-पीछे चल रहा था।

सब मौन थे। कुत्ता भी।

कई प्रदेश, कई नदियाँ, कई पहाड़ और घने जंगल पार करते गये पाण्डव। वनवासी पाण्डवों का उस अनजान कुत्ते ने साथ दिया।

हथियार बोझ लगने लगे। अर्जुन ने भी मार्ग में ही अपना गाण्डीव त्याग दिया। कई दिन चलते-चलते पता चला कि द्वारका का अब सर्वनाश हो चुका है। खँडहर बचे हैं। नागरिक प्रभास वन में शान्ति की खोज में निकल गये हैं। गान्धारी माता का शाप टाले नहीं टल रहा है। अँधेरा होते ही रात में घना साया इस नगर पर उड़-उड़ आता है। बच्चों को चबा-चबाकर निगल जाता है।

जी दहल गया। पाण्डव वनवासी थे पर समाचार सुनते ही चैन उड़ जाता। वे फिर हिमालय की ओर तेज़ी के साथ बढ़े। इस लोक में शान्ति नहीं। सब तरफ बर्बादी ही बर्बादी है।

हिमालय का मक़ाम आ गया।

एक ऊँची टेकड़ी पर खड़े हो कर देखा—सामने मेरु पर्वत है, फिर वीराना ही वीराना। झाड़-झंखाड़ नहीं, पशु-पक्षी नहीं, उस हालत में भी वे आगे बढ़े। चुपचाप मौन बात करने के लिए कुछ बचा ही नहीं था।

द्रौपदी एकाएक रुकी, गिर पड़ी, साँस थम गयी। प्राण पंछी उड़ गये।

भीम रुका, अचम्भा हुआ। उसने युधिष्ठिर से भरे गले से पूछा—

"इस पुण्यशीला, पतिव्रता की मृत्यु—अचानक, इस तरह क्यों हुई?" हमें आवाज तक नहीं दी।

"इसका कारण है भीम। द्रौपदी हम पाँचों की पत्नी थी। सबका अधिकार और हिस्सा उसमें बराबर—एक पंचमांश था। लेकिन तुम्हें यकीन नहीं होगा, अर्जुन को प्यार करने में वह एक पंचमांश से ज़्यादा खुलती थी। बाकी हम चारों में से हर एक को उसने एक पंचमांश से अक्सर कम ही प्यार दिया। उसके पक्षपात का अकस्मात मृत्यु दण्ड उसे मिला। चलो।"

अपनी पत्नी के आचरण और मरण पर सोचते-सोचते पाण्डव आगे चल रहे थे कि और एक के गिरने की आवाज आयी। सहदेव था। बेजान गिर पड़ा था।

भीम ने पूछा—"बन्धु युधिष्ठिर, माद्री के इस पुत्र का कौन-सा कसूर था कि वह द्रौपदी की तरह गिर पड़ा। उसे भी मृत्यु आयी। इतना समर्पित, विनम्र, गुणी सेवक था हमारा फिर भी..."

"इतना होना ही काफी नहीं होता भीम..." धर्मराज ने व्याख्या की... "एक दम्भ था उसके अन्दर, वह अपने आपको सबसे ज़्यादा समझदार और ज्ञानी मानता था। अहंकार का फल उसे मिला। अब चलो।" कहा धर्म ने कि सहदेव और द्रौपदी मृत्यु के शोक से नकुल भी गिर पड़ा। युधिष्ठिर ने कहा..."अति शोक भी मनुष्य को मृत्यु देता है। भीम तुम्हें आश्चर्य होगा कि शौर्य, सौन्दर्य और सात्विक आचरण में नकुल आदर्श था। शौर्य, सुन्दरता और सदाचार की अति और अहंकार इन्सान को इस अंजाम तक ले आता है। तुम्हें पता नहीं है भीम, अपने आप वह अहंकार की ग्रंथी से परेशान था। शान्त झील के किनारे खड़ा नकुल मैंने अक्सर देखा। अपनी छवि निहार-निहारकर वह घमंडित होता था। घमण्ड का यह दण्ड उसे प्राप्त हुआ। चलें?" बिना द्रौपदी के अर्जुन व्याकुल हुआ। अनमने भाव से चल रहा था। सोच रहा था, याद कर रहा था।

"स्वयंवर, द्रुपद राजा का दरबार, मत्स्य-भेदन, उपस्थित राजाओं ने की वाह-वाही...मय सभा में गर्दनें झुकाकर बैठे हैं हम। निर्लज्ज आततायी दुःशासन। आँखों से अंगारे टपकाती द्रौपदी। उसके सवालों के तीर...जयद्रथ द्रौपदी को फुसला रहा था। वनवास छोड़कर पटरानी बनने का लालच दिखा रहा था...कीचक ने भी वही किया। कई प्रस्ताव और लालच पर लात मारी उसने। आक्रमण और अत्याचार के ख़िलाफ़ वह लड़ी। हमें लड़ने के लिए उकसाया। ताकत और हिम्मत भर दी हममें। हम पाँचों का पालन किया। पोसा। खिलाया, सुलाया। हम पाण्डवों को सम्मान के साथ जीकर अत्याचारियों से लड़ना सिखाया, लड़ने की प्रेरणा दी..." सोच-सोचकर थका अर्जुन भी रास्ते में गिर पड़ा।

"भैया..." भीम ने कहा—"अब तो अर्जुन भी उठ गया। क्या अपराध था उसका?"

"भीम, माना कि अर्जुन के पास शस्त्र, अस्त्र, मंत्र और तंत्र उत्तम थे और युद्ध-कला उसकी बेजोड़ थी। पर दुनिया के हर योद्धा को वह अपने से कम और कमज़ोर मानता था। दुश्मन को अपने बराबर का न मानने वाले—अपनों से छोटा समझने वाले एक दिन इसी तरह पराजित या मृत हो जाते हैं। मैदान से उनका निशान मिट जाता है। यही कारण है कि उसे अपनी पत्नी की तरह, भाइयों की तरह ही मौत आयी।"

"भीम..." अर्जुन के बारे में युधिष्ठिर ने और कहा..."वह अपने दुश्मनों को एक ही दिन में ख़त्म कर देने की कसमें खाता था। ऐसा अक्सर वह नहीं कर

पाता था। युद्ध और मैदान मारना जादू का खेल नहीं है। अक्सर अपने प्रण और वचन तोड़ने की नौबत अर्जुन पर आयी। मनुष्य की स्वाभाविक ताकत का ध्यान रखकर गरजना चाहिए। वरना वादाफ़रोशी का, प्रतिकूल आचरण का कलंक लगता है...यही कलंक फैल-फैलकर मनुष्य को ग्रस लेता है..."

असम्भव बात को सम्भव कर दिखाने की हर घोषणा और बैरी को मामूली–छोटा समझने की भूल का परिणाम। हे भीम! अर्जुन तो मर चुका है। चलो, जहाँ तक चला जाए, हम आगे चलें।

कुछ और आगे चलते भीम को चक्कर आने लगा। गिर पड़ा। साँस मुश्किल से लेते हुए उसने पुकारा–"बड़े भैया, गिर मैं भी गया हूँ। अब तुम्हारे साथ आगे आना नहीं होगा। क्षमा करो और बताओ।"

"भीम, धीरज रखो और सुनो। तुम्हें शक्तिमान होने का बहुत गर्व था। दुश्मनों से बदला लेना। झाड़-झंखाड़ उखाड़ना और पेट भर-भरकर खाना तुम्हारा आचरण था। औरों की भूख और ज़रूरत का तुम खयाल नहीं करते थे। द्रौपदी की छोटी-छोटी फरमाइशें पूरी करने में ज़मीन-आसमान एक कर देते थे। खैर..." भीम की टकटकी आँखों पर हाथ रखकर युधिष्ठिर ने कहा–अलविदा।

अब युधिष्ठिर शान्त मन से चलता रहा। बिना सोच-विचार के कई कोस पार किये। पीछे-पीछे उसके कुत्ता चल रहा है।

मानव मूल्य के लिहाज से महाभारत की विशाल कथा-शृंखला का सर्वाधिक मार्मिक बिन्दु यही है–स्वामी और कुत्ता।

वल्कलधारी धर्मराज आगे हैं।

एक बेचारा कुत्ता पीछे चल रहा है।

कोई शेष नहीं बचा। कुछ नहीं बचा। नष्टप्राय हुआ हस्तिनापुर, अश्वमेध, द्रौपदी, भीम, अर्जुन, श्रीकृष्ण, दुर्योधन, मामा शकुनि, गान्धारी, सब थे, जो नहीं रहे, छूट गये। इस मक़ाम तक कोई साथ नहीं देता। अकेलापन छा जाता है।

एक टीले पर, घड़ी भर विश्राम करने के विचार से धर्मराज बैठ गये। उनके सामने पैर फैलाकर कुत्ता बैठ गया। दोनों एक-दूसरे को एक-दूसरे की आँखों में देख रहे थे। एक आहट हुई।

धर्मराज ने गर्दन उठायी। देखा।

दिव्य रथ में बैठकर इन्द्र उसकी ओर आ रहे हैं।

रथ धर्मराज के पास आ कर रुका। इन्द्र नीचे उतरे। धर्मराज के कन्धे पर हाथ रखा। कहा–"वत्स, चलो। तुम्हारी बारी है अब। स्वर्ग में तुम्हारे लिए ऊँचा सिंहासन खाली है।"

..."चारों भाई और पत्नी इस वीराने में मरे पड़े हैं। उन्हें छोड़कर मैं कैसे आऊँ?"

"चिन्ता न करो उनकी, वे पहले ही स्वर्गस्थ हो चुके हैं। पार्थिव शरीर उनके पंचतत्त्व में स्वयमेव लीन हो जाएँगे।"

"स्वर्गीय संकेत तजकर इस लोक से तुम्हें ले जाने के लिए देवताओं की इच्छानुसार मैं खुद आया हूँ, उठो।"

"ठीक है, लेकिन यह कुत्ता भी मेरे साथ आएगा।"—धर्मराज।

"धर्मराज—यह रथ मृत्युलोक का वाहन नहीं कि जिसे चाहा लादा। किसी और पशु को इसमें ले जाना वर्जित है।"—इन्द्र।

"तो ठीक है, मैं इस साथी कुत्ते के लिए यहीं रहूँगा। वीराने सफर में, शीत में, नदी-पहाड़ियों और जंगल में बिना शिकायत और किसी आस के इसने मेरा साथ दिया। जिनके लिए लड़ा वे सब एकाएक या एक-एक करके बिछुड़ गये। प्रजा गयी, पत्नी गयी, भाई भी गये। सिर्फ यह कुत्ता रहा। उसकी नेकी नहीं टूटी। ऐसे सूने वीराने में इसे अकेला छोड़कर मैं आऊँ आपके साथ—यह उचित नहीं। मुझे क्षमा करें।"

"वत्स—द्रौपदी की मृत्यु हुई। माँ कुन्ती रही नहीं। भाइयों की मौत को बिना आपत्ति के तुमने मान लिया। इस कुत्ते पर ही तुम्हारी ज़िद क्यों? चलो...

"इन्द्रदेव, मेरी ज़िद नहीं...यह मेरा स्वभाव है। अपनी पत्नी को या भाइयों को मैंने छोड़ा नहीं, उनकी तो स्वाभाविक मृत्यु हुई। उनके स्वभाव का परिणाम, ऐसे ही अन्त में होने वाला था। फिर उन्हें जीवित करना या मृत्यु को रोककर जिन्दा रखना भी सम्भव नहीं था। अतः बिना रुके, बिना शोक के मैं चलता रहा। चिन्ताएँ तमाम ख़त्म हो चुकी थीं।"

"कुत्ते की बात और है। भयानक एकान्त में—भयानक सर्दी-गर्मी और जंगल में इसका साथ मेरा सम्बल बना है। इस मक़ाम पर पहुँचकर ऐसी हालत में उसे अकेला छोड़ना धर्म की व्याख्या के ख़िलाफ़ होगा। आपका स्वर्ग मुझे नहीं चाहिए।"

1983-84 में अहमदाबाद के किसी सरकारी कार्यालय में कार्मिक प्रशासन के सन्दर्भ में बोलते हुए मैंने यह आख्यान सुनाया था। 1985 में पुणे से प्रकाशित इस आख्यान को कथारूप का फीडबैक श्रोताओं और पाठकों ने इस प्रकार दिया था।

1. कबीर ने भी एक दोहे में अपने आप को राम का कुत्ता कहा है। नेकी, ईमान रखकर साथ देने वालों पर ऊपर वाला हमेशा प्रसन्न रहता है। कुत्ता इस लिहाज से सर्वगुणसम्पन्न होता है।
2. इस कहानी का कुत्ता एक प्रतीक है। समाज में, हर संगठन में, संस्था या डिपार्टमेण्ट में हम सगे भाई से, प्रिय पत्नी से, बाल-बच्चों से ज़्यादा प्यार उससे करते हैं, जो हमारे प्रति नेक रहे। हमारी आज्ञा पर

दुम हिलाये, ईमानदार और तत्पर हो, जहाँ भी जाएँ हम—हमारे पीछे-पीछे रहे। गाली-गलौज़ में हम कई बार ऐसे ही लोगों को—मामूली और मातहत आदमी को कुत्ता कहते हैं।

3. कुत्ते पर बॉस की अटूट आस्था का दूसरा मतलब यह है कि अर्जुन की प्रतिभा का मोल नहीं, भीम की ताकत व्यर्थ गयी। सहदेव और नकुल का सौष्ठव बेकार गया, द्रौपदी का शील, चरित्र, तेज़ और त्याग अर्थहीन है। इन सबका अच्छा एप्राइजल होने के लिए उन्हें भी दुम लगाकर कुत्ते की तरह कमर हिलानी होगी।
4. मोल, कीमत, अर्थ सबका अपना-अपना है, ज़रूर है पर हर चीज़ सापेक्ष होती है। अवकाश ग्रहण के दौर में तमाम बातें, सभी नाते-रिश्ते कमजोर और ढीले-पतले पड़ते हैं। अगले पड़ावों पर तो सब बेमानी हो जाता है। वही विश्वास और प्यार का पात्र हो जाता है। जो दवा-दारू करें। नाड़ी पर हाथ रखें और पूछे कि अब कैसा लग रहा है?
5. दफ़्तर में हमने भी अक्सर ऐसा ही पाया है। उम्मीद किसी एक के बारे में होती है और समाचार किसी और के बारे में आता है कि एक निहायत मामूली स्टेनो को बॉस ने अपनी ओर खींच लिया है, वह उन्नत-प्रमोट हो गयी है।
6. कहानी का जहाँ तक सवाल है, हमारा बॉस कुत्तामय हो गया है। कुत्ता और बॉस एक जान हो गये हैं। बॉस अपनी उन्नति तक रोके रखेंगे जब तक कि कुतिया प्रमोट नहीं होती।
7. हिरनी, कबूतर, चिड़िया, भैंस, गाय, कौवा—इन्सान के लिए प्रयुक्त शब्द हैं। लड़कियों को हिरनी कहा जाता है। चिड़िया कहा जाता है। प्यार में उन्मन्त रहने वाली को कबूतर कहा जाता है उसी तरह यहाँ पर—कहानी में भी कुत्ता रूपक है, और कुछ नहीं।
8. नहीं, बात इतनी हल्की, सतही और सस्ती नहीं है। कुत्ता इन्सानियत, ईमान, निष्ठा और समर्पण का प्रतीक है। इन मूल्यों को अभिव्यक्त करने के लिए ऊपर वाले ने उसे दुम दी है। दुम और उँगली टेढ़ी किये बिना काम अच्छा नहीं बनता। इन दो के तने और सीधे रहने पर प्रेम, रूप, जवानी, शौर्य, कुशलता और सामर्थ्य—सब व्यर्थ और बेअसर पड़े रहते हैं। एक-एक कर अन्दर ही अन्दर मर जाते हैं। निष्ठा का मूल कायम रहता है। जो लोग पूँछ काट डालते हैं कुत्ते की वे अहंकारी होते हैं, औरों को भी अहंकारी बना देते हैं। मूल्यों पर निष्ठा इन्सान को पहचान देती है।

मूल्यों पर अडिग रहने वालों के चरित्र देखिए। जीसस क्राइस्ट, बुद्ध, महावीर, सुकरात–हर एक ने अपने मूल्य बनाये और जीवन भर उनमें विश्वास रखा, निष्ठा रखी। हर घड़ी हर कीमत पर वे अडिग रहे। उनका जीवन, उनका व्यक्तित्व, उनका दर्शन दुनिया में आज तक सम्मान पाता रहा।

9. बात और कहानी चौदह आने सच है। दो आनों पर और गहरे उतरकर सोचना होगा।
10. जिनके मूल्य नहीं होते–या होते हैं पर उधार के होते हैं उनको आम प्रजा की श्रेणी में रखा जाता है।
11. कहानी है ही यह ऐसी कि जितना भी खोदो, रस और तात्पर्य का नया झरना अन्दर से झरने लगता है। बॉस के वशीकरण का मुद्दा इस खुदाई का एक पत्थर मात्र है।

## चिन्तन और अभ्यास

दफ़्तर में हर कार्मिक चाहे वह सहायक हो या नम्बर वन, अपने टेबल का, अपने आसन का और कार्यक्षेत्र का राजा होता है। इसलिए किसी के सामने जाने या बैठने या कमरे में प्रवेश करने के पहले उस राजा की इज़ाजत लेना कार्यालयीन संस्कृति का पहला पाठ होता है। जो दफ़्तर के माहौल को परिवार के माहौल के बराबर मानकर अपनी 'स्पेस' और कक्ष को 'आओ जाओ, घर अपना' बना देते हैं, वे ग़लत हैं। परिवार और घर में भी उच्चतम आत्मीयता और अधिकार के बावजूद चार साल के बच्चे तक अपनी मम्मी के बेडरूम में प्रवेश नहीं करते। बिना अनुमति के झाँकना-देखना गलत समझते हैं। एक बार दफ़्तर में मुँह की खाते-खाते मैंने खुद को बचाया था।

हुआ किस्सा यह कि ऊपर वाले कार्यालय ने मुझसे पूछा कि कल तुम्हारे बॉस मिल सकेंगे? मामला अर्जेंट था। मैं उठकर बॉस के दरवाज़े की लालबत्ती की परवाह किये बिना अन्दर घुसा और सीधे पूछा–"साहब, कल आप।"

उनकी स्टेनो और वो एकाएक सहमे थे, फिर सहज हो कर झल्लाते बोले, "पहले बाहर निकल जाओ।"

"सर, हेड ऑफिस वाले जानना..."–मैं।

"भाड़ में जाए तुम्हारा हेड ऑफिस..."–बॉस।

"सॉरी सर ... कुछ ग़लती हुई मेरी?"–मैं।

"तुममें इतनी भी तमीज़ नहीं कि अन्दर इज़ाजत लेकर आना चाहिए। अफसर हो कि फटीचर। निकल जाओ..." अपनी स्टेनो के सामने यह दुर्योधन

मुझे जैसे बेआबरू और निर्वस्त्र कर रहा था। बचाव मेरी खोपड़ी ने किया। मैं बोला—"माफ़ करिये सर। आपको मैंने हमेशा भगवान माना है और भगवान के मन्दिर में आने-जाने की इज़ाजत कौन लेता है?"

मेरे उस दुर्योधन के चेहरे का रंग एकाएक बदला। नमकीन हुआ। बोले—"बैठो।" चाय मँगवायी। अपनी स्टेनो को कहने लगे—"इसकी जगह कोई और होता तो दफ़्तर सिर पर उठा लेता। हमें भी परेशान कर देता। लड़का बड़ा स्मार्ट है।"

बात सत्रह-अठारह साल पुरानी है।

अपने बॉस को लेकर खराब अनुभवों का ढेर आपके पास है। अच्छे पल और अनुभव आप भूल चुके हैं। याद करिये, कोशिश करिये अपने बॉस के साथ हुए बेहतरीन एनकाउंटर को, अनुभव को और एक पृष्ठ पर उतारिए। अच्छे संस्मरण को इस पुस्तक के अगले संस्करण में छापा जाएगा।

..........................................................................................
..........................................................................................
..........................................................................................
..........................................................................................
..........................................................................................
..........................................................................................
..........................................................................................
..........................................................................................
..........................................................................................
..........................................................................................
..........................................................................................
..........................................................................................
..........................................................................................

**नाम :** ______________________________

**कार्यक्षेत्र :** ______________________________

**सम्पर्क का पता :** ______________________________

# 8. प्रबन्धक दुर्योधन

प्रशासनिक कुशलता और प्रबन्धन कला के अभाव में हमारे तमाम संसाधन, शस्त्र, अस्त्र और मानव शक्ति बेकार, अर्थहीन, तेज़हीन और व्यर्थ हो जाते हैं। इसका जीवन्त उदाहरण है, कौरवराज **'दुर्योधन'**।

पाण्डवों के मुकाबले दुर्योधन का पक्ष मानव संसाधन और सामर्थ्य के लिहाज़ से अधिक भारी था। कौरव एक सौ एक भाई थे। पाण्डवों की संख्या उनके मुकाबले बहुत सीमित–सिर्फ पाँच थी। लेकिन बचपन से ही होता यह था कि पाण्डवों में से एक भीम एक-एक कौरव को अलगा-अलगाकर छेड़ता, उकसाता, पीटता और रुलाता। कौरवों को रुलाने, नदी और तालाब के पानी में डुबो-डुबोकर परेशान करने, धमकाने, भगाने में भीम को भारी मजा आता था।

दुर्योधन के पास भीम को पकड़कर सबक़ सिखाने की ताकत अवश्य थी पर उसका कुशलतापूर्वक प्रयोग करने का तरीका, कला का उसमें अभाव था। भीम के बारे में एक प्रकार की बीमार मानसिकता–हीनता ग्रन्थि का शिकार हो कर दुर्योधन ने ऐसे-ऐसे टोटके अपनाये कि बजाय पाण्डवों की सामर्थ्य घटने के, बढ़ती गयी। किशोर अवस्था में ही दुर्योधन ने सैर के बहाने प्रभासकोटि वन में ले जाकर भीम को ज़हर खिलाया। कोशिश दुर्योधन की यह थी कि एक बार भीम को रास्ते से हटाया गया तो बाकी चारों पाण्डव उसकी मुट्ठी में आ जाएँगे, चुन-चुन के चारों पाण्डवों का ख़ात्मा करेगा। फिर हस्तिनापुर पर दुर्योधन का एकछत्र शासन होगा।

कहा गया है कि भीम को कपट से ज़हर पिलाने का राज दुर्योधन के भाई युयुत्सु ने ही पाण्डवों को बताया। आपसी विश्वास, सहयोग, टीम भावना पाण्डवों के मुकाबले कौरवों में नगण्य थी। दुर्योधन की पराजय में एकात्मता के अभाव का महत्त्वपूर्ण योगदान है।

भीम मरा नहीं। पाण्डवों को पता चला कि दुर्योधन उन्हें कपट और छल से नष्ट करना चाहता है। पाण्डवों ने इस घटना को मन में दबाकर रखा, उजागर नहीं

किया। प्रतिरक्षात्मक उपाय के रूप में पाँचों की एकात्मता और बढ़ी। दूसरी ओर शत्रु पर किया गया दुर्योधन का पहला ही आक्रमण खाली गया। उससे आक्रामक पक्ष का मनोबल बड़ी हद तक गिर जाता है। दुर्योधन निराशा, विवाद और अपमान का शिकार हो कर बेचैन, असन्तुलित और असहाय बन जाता है और ग़लत निर्णय करने लगता है। दुर्योधन की शारीरिक चपलता, सामर्थ्य और आक्रमण-शक्ति किसी भी पाण्डव से–भीम से भी कम नहीं थी पर अपने मन में पली हीन-भावना के कारण वह पाण्डवों से छोटा पड़ जाता है, हेय दिखाई देता है।

भीम को कपटपूर्ण तरीके से ख़त्म करने की योजना असफल होने पर भी दुर्योधन ने बजाय कोई नयी तरकीब निकालने के पाण्डवों को ख़त्म करने का वही–अर्थात् छल और विश्वासघात का ही मार्ग अपनाया। अपने इन नापाक इरादों में उसने धृतराष्ट्र तक की स्वीकृति हासिल की।

वार्णावत क्षेत्र में पाण्डवों के लिए लाक्षागृह बनवाया। पाण्डव अपनी माँ–कुन्ती के साथ वार्णावत गये। लाक्षागृह में रहने लगे। इस बीच कौरवों के साथ रहने वाले विदुर ने पूरी कपट योजना पाण्डवों तक पहुँचायी। जिस दिन लाख महल जलकर राख होने वाला था, उस दिन पाण्डव वहाँ से भाग निकले। इधर हस्तिनापुर में लाक्षागृह में लगी आग का समाचार मिलते ही धृतराष्ट्र और दुर्योधन नाटकीय शोक का डंका पीटने लगे। काफी देर बाद उन पिता-पुत्र को पता चला कि उनकी दूसरी योजना भी पूरी तरफ असफल हो गयी है।

दुर्योधन के मन की जलन, कुण्ठा, ईर्ष्या पाण्डवों के बारे में ग़लत और भ्रामक भय के कारण घातक और ग़लत मोड़ पर ले जाने का कार्य करती है। पाण्डवों के बीच की आस्था, आत्मीयता, एकता, साझीदारी और सन्तोष कौरवों के बीच न पाकर हीनता और हताशा में पाण्डवों को नष्ट करने के जो भी उपाय वह करता है; उसमें पहले वह खुद फँसता है और बाद में अपने ही पक्ष की धुरन्धर हस्तियों को घसीट लेता है। दूसरी ओर पाण्डवों पर दुर्योधन की हर एक चाल का अच्छा ही असर होता है। पाँचों भाई और उनकी पत्नी द्रौपदी और ज़्यादा अमीर, एकात्म और सुरक्षित हो जाते हैं।

भीष्म और धृतराष्ट्र ने देखा कि कौरव और पाण्डव दो तलवारें हैं, एक म्यान में नहीं रह सकतीं। सुलह करने की कोशिश में दुर्योधन को हस्तिनापुर का सिंहासन और धर्मराज को यमुना के आस-पास के क्षेत्र का राज्य दिया गया। पाण्डवों ने फिर खाण्डव क्षेत्र में इन्द्रप्रस्थ नगर खड़ा किया। इसी क्रम में द्रौपदी पाँच पाण्डवों के पाँच पुत्रों की माँ भी बनी।

इन्द्रप्रस्थ साम्राज्य की घुड़दौड़, युधिष्ठिर का राजसूय यज्ञ और पाँचों भाइयों के बीच दिन-ब-दिन परिवर्द्धित होने वाली एकात्मता, आस्था, सामर्थ्य देखकर दुर्योधन की बेचैनी और जलन, मानसिक असन्तुलन बढ़ता ही गया।

पाण्डवों के बनाये शीशमहल में दुर्योधन स्तंभित हो कर चकरा गया। काँच की दीवार को द्वार समझकर टकरा गया। पाण्डव हँस पड़े। द्रौपदी—दुर्योधन की भाभी भी हँस पड़ी। दुर्योधन ने बजाय इस बात को हँसी-मज़ाक में लेने से पाण्डवों से लड़ने—युद्ध छेड़ने की ठान ली। सीधी-सादी बात को लेकर दुर्योधन ने अपने मन को घातक और ग़लत निर्णय लेने पर विवश किया। कुरुक्षेत्र पर होने वाले विनाश के ताण्डव का बीज अपने अन्दर ही बो दिया।

मामा शकुनि के मार्गदर्शन में और पिता धृतराष्ट्र की इज़ाजत से युधिष्ठिर को जुआ खेलने के लिए मजबूर कर, उकसाकर पाण्डवों को वनवास देने की चाल दुर्योधन ने चली। पांडु पुत्रों को निराश, राज्यहीन करके उनका सिंहासन हथियाना इस मौके पर सहज साध्य था। लेकिन पाण्डवों को राज्यहीन करने के साथ-साथ शील भ्रष्ट करने की व्यक्तिगत लालसा आड़े आ गयी।

भरी सभा में, बुज़ुर्गों के समक्ष, अपने ही लोगों के बीच द्रौपदी—पाण्डवों की पत्नी पर अत्याचार कर-करके उसने पाण्डवों के अन्दर प्रतिशोध का बारूद ठूँस-ठूँसकर भर दिया। पाण्डवों में इस घटना से बदले की आग और सामर्थ्य बढ़ गयी। दूसरी ओर अपनी ही बिरादरी की बहू को, सम्राज्ञी द्रौपदी को बेबस और निर्वस्त्र करने वाले जानवर के रूप में दुर्योधन की पहचान उभरकर सामने आयी।

सही परामर्श देने वाले सलाहकारों का मार्गदर्शन दुर्योधन बार-बार ठुकराता है। शरण में आने वाले चाटुकारों को अपना मानकर, उनकी बातों में आ कर दुर्योधन ने जीवन के, संघर्ष के चरम पर ग़लत निर्णय और विवेकशून्य कार्य करके अपने आपको, अपने पक्ष को, कौरव वंश को विनाश की खाई में धकेल दिया है। पाण्डवों के हाथों मुँह की खाकर हर बार अपमानित, खण्डित, कुण्ठित और लज्जित होना पड़ा दुर्योधन को। पाण्डवों में सामर्थ्य और आस्था दूसरी ओर निरन्तर बढ़ती गयी है। दुर्योधन के कारनामे पाण्डवों के लिए वरदान बन गये हैं।

जुए की हार में रखी गयी शर्त के अनुसार पाण्डव अपनी पत्नी लेकर, अकिंचन बनकर, वनों-जंगलों में भटकते रहे। इस दौर में भी दुर्योधन ने पाण्डवों को जान से मार डालने के प्रयास लगातार जारी रखे, पर बार-बार फेल हुआ। दुर्योधन ने निर्णय किया कि अब वह पाण्डवों से रणक्षेत्र पर ही लड़ेगा, उन्हें जंग-ए-मैदान में ही ख़त्म कर देगा।

युद्ध-नीति में भी दुर्योधन की समझ और पहुँच बहुत सीमित निकली। अपनी फ़ौज संख्यात्मक दृष्टि से बड़ी—विस्तृत करने की धुन में उसने मार्गदर्शक, कोच सुदर्शनधारी श्रीकृष्ण को नहीं, दस लाख नारायणी सेना को, यादवों की फ़ौज को माँग लिया। अर्जुन ने, पाण्डवों ने बड़ी फ़ौज नहीं बल्कि सही मार्गदर्शक को अपने पक्ष में साथ रखने के लिए चुना। सही समय, सही स्थान पर, सही

दिशा में क्या करना है इसका इंगित भर करूँगा। हाथ में अपने आखिर तक शस्त्र नहीं उठाऊँगा इस आशय की कृष्ण की चेतावनी के बाद भी पाण्डवों ने बजाय फ़ौज के निहत्थे कृष्ण को माँगा। पाण्डव जानते थे कि लड़ाई जीती जाती है आपसी एकता से, अपने बाहुबल से, थक जाने पर या विरक्त होने पर प्रेरणा देने के लिए मार्गदर्शक की ज़रूरत पड़ती है। युद्ध परायी सेना के भरोसे लड़ा या जीता नहीं जाता है। "हमें तुम्हारी फ़ौज नहीं चाहिए प्रभु, अकेले तुम ही पर्याप्त हो। हमारे साथ चलो, हमारे होकर रहो, हमें यकीन है, तुम जहाँ पर और जिसके पक्ष में होगे, जय उसी की होगी।"

"यथा राजा तथा प्रजा" तत्वानुसार दुर्योधन के दरबार में आपसी मन-मुटाव, संघर्ष, अनबन, ईर्ष्या, द्वेष, टाँग-खिंचाई के कारण दरारें पड़ती गयीं, दीवारें बढ़ती गयीं। कहने के लिए ग्यारह अक्षौहिणी सेना और भीष्म, द्रोण, कर्ण जैसे महान योद्धाओं की फ़ौज उसके पास थी पर बिखराव और आपसी टकराव–अहंकार से ग्रस्त होने के कारण कौरवों की सामर्थ्य टूटती ही गयी।

आरम्भिक दौर में कुरुक्षेत्र में सेनापति का पद भीष्म ने स्वीकार किया। भीष्म कौरवों के सेनापति हैं पर बिजली की तरह शत्रु पर विजय प्राप्त करने की, लपककर टूट पड़ने की स्पिरिट और आग उनमें नहीं है, आस्था उनकी दोनों पक्षों के बीच फट रही है। दूसरे वे पाण्डवों की बराबरी कर सकने वाले योद्धा कर्ण को बार-बार अपमानित करके उसके सामर्थ्य को तोड़ देते हैं। उसे अपमानित करके अपने आप से अलगाते हैं।

भीष्म की नज़र में कर्ण घमण्डी है, मूर्ख है, पाण्डवों से नाहक जलता है, वह शापित है, असुरक्षित है, भ्रान्त है इसका एहसास भीष्म कर्ण को बार-बार दिलाते हैं। तंग आ कर, परेशान हो कर कर्ण कहता है–"पितामह भीष्म जब तक युद्ध कर पा रहे हैं, सेना के बीच और आगे हैं तब तक मैं लड़ाई के मैदान में उतरूँगा नहीं।" पाण्डवों की आधी जीत का श्रेय भीष्म और कर्ण के बीच पनपे द्वेष को दिया जाना चाहिए।

पहले दिन–महाभारत युद्ध के पहले ही दिन भीष्म ने पाण्डवों पर कमरतोड़ हमला किया। दूसरे दिन भी कौरवों का पलड़ा भारी रहा। इस स्थिति में तीसरे दिन कौरवराज दुर्योधन ने भीष्म पर अनपेक्षित धक्कादायक आरोप करते हुए भीष्म को भी आहत किया।

दुर्योधन ने गरजकर कहा कि–"पितामह, आप मुझे धोखा दे रहे हैं। मैदान में मुँह चुरा रहे हैं। सेनापति आप मेरे हैं पर पाण्डवों का खात्मा करने से आप कतरा रहे हैं, पाण्डवों को, मेरे दुश्मनों को आप अपना, प्रिय मानते हैं। आप मेरे साथ बेईमानी कर रहे हैं।"

भीष्म ने दुर्योधन की उछाली इस कीचड़ को भी झेला। घायल हो कर भीष्माचार्य फिर लड़ने चले। वैसे आरम्भ में भी भीष्म ने बड़ी मुश्किल से कौरवों के पक्ष में आ कर सेनापति का दायित्व स्वीकारा था, मैदान में पाण्डवों के ख़िलाफ़ लड़ने पर राजी हो गये थे। लेकिन कन्धे पर दायित्व आने के बाद पूरी नेकी और तत्परता दिखाकर शत्रु पर वार करने में जान-बूझकर कोई कसर भीष्म ने नहीं छोड़ी थी। बावजूद इसके दुर्योधन ने कहा कि भीष्माचार्य, आप बेईमानी कर रहे हैं। दुर्योधन की इस शाब्दिक थूक को, बेईमानी के इल्ज़ाम को धोते-धोते, अपने चरित्र को साफ करते-करते भीष्म शिखंडी के हाथों शहीद हो गये। खुद युधिष्ठिर को उन्होंने समझाया, अनुरोध किया कि भाई मुझे मरवा दो, मुक्ति दो।

सेनापति की निष्ठा पर प्रहार करने का, अपने ही सेनापति के मनोबल को तोड़ने का दुर्योधन का सिलसिला आखिर तक चला। भीष्म के मैदान से हटने के बाद वादातित व्यक्तित्व गुरु द्रोण के कन्धों पर सेनापति का दायित्व रखा गया। युद्ध के तेरहवें दिन तक जान हथेली पर रखकर लड़ रहे द्रोणाचार्य को दुर्योधन ने सुनाया—आचार्य, आप कौरव सेना के साथ-साथ मेरे वंश का सत्यानाश कर रहे हैं। पाण्डवों से आपकी मिली-भगत है। आप हमें अपना दुश्मन मानते हैं। आप सेनापति पद के लायक नहीं हैं।

आत्मसम्मान पर प्रहार झेलकर कोई सेनापति क्या महसूस करेगा? पन्द्रहवें दिन सेनापति द्रोण महाभारत युद्ध के मैदान में बीचोंबीच पालथी मारकर बैठ गये। पाण्डवों के सेनापति ने—शत्रु पक्ष ने उनकी गर्दन तलवार से उड़ा दी। कौरवों का दूसरा महासेनापति कट गया।

सेनापति का दायित्व सँभालने की बारी अब कर्ण की थी। एक महान योद्धा के रूप में सेनापति कर्ण मैदान में बड़ी सफलता अवश्य अर्जित करता। लेकिन रण-क्षेत्र में उतरकर भी इतर कई जिम्मेदारियों का, गुणों का, संस्कारों और कुचक्रों का प्रभाव उस पर बना रहता है। द्रोण या भीष्म के समर्पण भाव से युद्ध करने पर भी दुर्योधन ने उनकी नेकी पर शक़ किया, घातक प्रहार किये, गन्दे आरोप लगाये। दुर्योधन की परम्परा यहाँ खण्डित नहीं होती है। शल्य उसे जारी रखता है। सेनापति बनते-बनते कर्ण अपने तमाम हथियार, वस्त्र और सुरक्षा संसाधन किसी और को दे चुका था या प्रभावहीन बना चुका था, मारक शक्ति ख़त्म हो चुकी थी। आत्मविश्वास का तेज़ लेकर उसी के भरोसे पाण्डवों के साथ की उसकी लड़ाई रंग ला सकती थी। लेकिन शल्य ने कर्ण के पास बचे इस आखिरी सम्बल—आत्मविश्वास को भी नोच-नोचकर अधमरा कर दिया।

असल में शल्य अपने ज़माने का और अपने क्षेत्र का सारथ्य कर्म में श्रेष्ठ और अनुभवी योद्धा था। महाभारत में उसकी सारथी कला को श्रीकृष्ण के बराबर

की योग्यता का माना गया है। कोच की हैसियत से शल्य ईमानदारी के साथ कर्ण का समर्थन करता, मार्गदर्शन करता, मनोबल बढ़ाता तो वह अर्जुन और श्रीकृष्ण या पूरे पाण्डवों के पक्ष के लिए बहुत भारी चुनौती बन सकता था।

कर्ण पाण्डवों का बड़ा भाई था ही। हर मायने में पाँचों भाइयों से ऊँचा भी था। आग में, गरीबी में, अभाव में तप-तपकर सोना बना था। दुर्योधन ने कर्ण को पनाह ज़रूर दी पर अपने पक्ष के बाकी योद्धाओं और कर्ण के बीच सामंजस्य, सहयोग और एकता पैदा करने का दायित्व दुर्योधन ने निभाया नहीं। भीष्म और द्रोणाचार्य के बाद सेनापति कर्ण को भी दुर्योधन ने खो दिया।

पाण्डवों के द्वेष में अत्यधिक अन्धा हो जाने से ही सही, सन्तुलित और उचित निर्णय करने की शक्ति दुर्योधन ने खो दी। कौरवों के प्रति पूरी निष्ठा रखने वाले भीष्म पर, कर्ण पर, द्रोण पर उसने बार-बार इल्ज़ाम लगाये थे कि वे बेईमान हैं, नमक-हराम हैं, धोखेबाज़ हैं और पाण्डवों को बचाना चाहते हैं। सेनापति के पद पर बैठकर कौरवों की तनख़्वाह लेकर कौरवों के साथ धोखा कर रहे हैं।

अजीब इत्तिफाक है कि वास्तविक विद्रोह, बेईमानी करते हुए दिल से पाण्डवों के आन्तरिक पक्षधर होने वाले शल्य को सेनापति कर्ण का सारथी, कोच बनाकर दुर्योधन आरोप करना बन्द करता है। श्रेष्ठतम सेनापतियों को दुर्योधन अन्दर से आहत कर तोड़ देता है। शल्य के सारथी बन जाने के समय तो नज़ारा स्पष्ट हो जाता है कि जितना टूटकर कोई पक्ष हार जाता है, उतना तोड़ने का कार्य—गलत निर्णय लेकर, आरोप-प्रत्यारोप करके कौरव और मुख्य रूप से दुर्योधन अपने आप को, अपनी सेना को, सेना की ताकत को तोड़ चुके हैं।

आपस में भीष्म-कर्ण, कर्ण-द्रोण, कृपाचार्य-द्रोण, अश्वत्थामा-कर्ण जैसे योद्धा भी पहले एक-दूसरे पर प्रहार करते हैं, दूसरे का सामर्थ्य और मनोबल तोड़ते हैं। अकेले-अकेले लड़ते हैं या लड़ने पर मज़बूर कर देते हैं। किसी भी युद्ध को, खेल को, संघर्ष को बेहतरीन तरीके से हारा कैसे जा सकता है इसका उत्तम नमूना, दृष्टान्त कौरव सेना है।

इसी पृष्ठभूमि में कुरुक्षेत्र में लड़ रहे पाण्डवों की युद्ध-नीति का विश्लेषण करने पर बात स्पष्ट होती है कि सेना अभंग और अभेद्य कैसे रखी जाती है। सेनापति किस प्रकार सबके मनोबल का, विजय और आकांक्षा का, ताकत का जनरेटर होता है। पांडव सेना भी युद्ध में हार की कगार पर, क्राइसिस में आती है लेकिन आरोप-प्रत्यारोप अपनी ही सेना में किसी पर कीचड़ उछालना उनके पक्ष में या उनमें मिलता नहीं।

युद्ध के आरम्भिक दौर में कौरवों का पक्ष भारी था। जय उनकी ओर झुक रही थी। पाण्डव पिटे जा रहे थे। बिखर रहे थे। लेकिन युद्ध करने की अदम्य

इच्छा-शक्ति और विजय की प्राप्ति का अटूट विश्वास उनमें सन्तुलन और सामर्थ्य लाता है। युधिष्ठिर, भीम, अर्जुन–कोई भी भाई आपस में अपने सारथी के साथ या सेनापति से उलझता नहीं। पाण्डवों ने जो कुछ झेला, सहा, भोगा उससे उन्होंने शक्ति, आस्था, जोश और आत्मविश्वास विकसित किया। वनवास, द्रौपदी की बेइज़्ज़ती, लाक्षागृह में विश्वासघात, भीम पर विष प्रयोग, सूई के नोक के बराबर की ज़मीन तक पाण्डवों को न देने की दुर्योधन की घोषणा, दुर्योधन द्वारा पाण्डवों के अधिकारों का बार-बार हनन जैसी घटनाएँ पाण्डवों में शक्ति और आवेश पैदा करती थीं।

संयम की पूँजी वे नकारात्मक हालात में बटोर लेते थे ताकि युद्ध और प्रतिशोध में, जंग-ए-मैदान में ज़रूरत पड़ते ही शत्रु पर टूट पड़ सकें, उगल सकें, दुश्मन को ध्वस्त, तहस-नहस कर सकें।

यही वजह है कि दुर्योधन के बार-बार के प्रयास के बावजूद पाण्डव पूरी तरह एक बार भी उखड़ नहीं पाये। उद्देश्य की प्राप्ति के लिए, सिर्फ जीत हासिल करने के लिए ग़लत और अन्धाधुन्ध निर्णय करना, ग़लत रास्ते पर चलना, ग़लत तरीके अपनाना, सेनापतियों में अविश्वास, आपसी कलह, अंतर्विरोध जैसे कई कारण हैं जिनसे कौरवों का संगठन कमजोर पड़ा, परास्त हुआ, टूटा, बिखर गया–इतना कि ग्यारह अक्षौहिणी सेना का सम्राट दुर्योधन अठारहवें दिन ही अकेला पड़ा, जख़्मी हुआ, टूटी हुई कमर और अपने ही खून से सनी जाँघ और मुँह छिपाये बैठ गया।

# 9. चेन्नई एयरपोर्ट पर द्रौपदी और कर्ण

चेन्नई, अगस्त, 10—टैक्सी रुकी। ईश्वर और मैं बाहर उतरे, ड्राइवर ने डिकी खोली। दोनों बैग निकाले। गले का एक बैग और हाथ में एक सूटकेस। ईश्वर को अलविदा कहकर पोर्ट में प्रवेश किया।

हवाई यात्रा का अपना एक सुख है, मज़ा है। ट्रेन या रोड से सफर करते वक़्त पहचान वाले, परिवार वाले, दोस्त और साथी लोग आखिरी दम तक आपको मुक्त नहीं होने देते। घर या दफ़्तर से दिमाग में जो कचरा और भूसा भरा होता है, यात्रा पर निकलने तक और घना होते ही जाता है। हवाई यात्रा में लगातार चिपके रहने वाले दोस्त, मित्र, परिवारजन एक सीमा तक आपको घेर पाते हैं। अड्डे पर जैसे ही उतरे आप कि आपको बाय कहकर अकेले छोड़ा जाता है। आगे की यात्रा, हज़ारों मील का सफर आप अकेले करते हैं।

चेन्नई पोर्ट में प्रवेश किया। अपनी एअरलाइन की खाली और भली लगने वाली क्यू में बोर्डिंग पास लेने के लिए खड़ा हो गया। एक विदेशी महिला मुझ पर चिल्लायी कि, "क्यू में नम्बर पहला मेरा है।" मैंने अदब से उसे कहा, "पहले आप अपना पास ले लीजिए," मैं अलग हट गया।

बोर्डिंग पास देने वाली और पास माँगने वाली विदेशी महिला के बीच करीबन पाँच मिनट बात हो रही थी। मैं ध्यान देकर सुन और देख रहा था। लन्दन जाने वाली सभी उड़ानें रद्द की ग़यी हैं, सुनकर महिला उदास और त्रस्त हो रही थी।

मैंने अपना टिकट बोर्डिंग पास के लिए प्रस्तुत किया। मैंने कहा, "मुझे बीच वाली सीट पसन्द नहीं है। या तो खिड़की दीजिए या साइड वाली।"

पास टाइप करते-करते एअरलाइन वाली महिला बोली, फ्लाइट डेढ़ घण्टा लेट है। मैं खुश हुआ। ट्रेन लेट होने पर, बस देर से आने पर मैं परेशान ज़रूर होता हूँ। फ्लाइट का लेट होना पोर्ट पर पता चलने पर मुझे अजीब खुशी होती है।

मैंने आसनों की कतार पर नज़र दौड़ायी। काफी खाली थे। जहाँ से जी भरकर देखा जा सके नज़ारा, आने-जाने वाली सूरतों का चेहरा, ऐसा स्थान और कुर्सी तलाशी। जाकर बैठ गया। इंडियन एअरलाइन्स, जेट एअरवेज़, डेक्कन एअरवेज़, सहारा, किंगफिशर और कई एअरलाइन्स में आतिथ्य का काम करने वाली बालाएँ और महिलाएँ मेरे दाहिने साइड से आ रही थीं और जा रही थीं। पार्लर में से रिफाइन हो कर आये हुए यात्री गन्धर्व लग रहे थे, किन्नर लग रहे थे, हाफ चड्डी में बन्दर लग रहे थे। मैं इन्जॉय करता हूँ। दौरे पर हूँ इसलिए डी.ए. का मीटर चल रहा है। देर हो या न हो कोई परेशानी नहीं होती।

हर एअरलाइन का अपना एक चेहरा और अलग-सा कल्चर होता है। लाल कपड़े में गुज़र रही एक हसीन और जवान स्त्री और घुटनों तक या ऊपर के अधोवस्त्र और सीमित मात्रा में शरीर को आवरित करने वाला उत्तरीय देखकर पता चलता है कि यह किस यान की सेविका है। एक बार किंगफिशर से सफ़र करते वक़्त हिम्मत बटोरकर मैंने पूछ लिया था कि बेटा तुमने पैरों के ऊपर घुटनों तक कुछ पहना है या रंग ही तुम्हारा बादामी है। लड़की सवाल समझ नहीं पायी थी।

उसने कहा था कि सर यह हमारे ड्रेस कोड में आने वाली चीज़ है। वर्क कल्चर इसी से बना है। यान में यात्रा करने वाले मुसाफिर दर्शक भी होते हैं। उनके स्वागत की अदा के साथ-साथ ओढ़ने-पहनने की भी कई तरकीबें उन्हें ट्रेनिंग के दौरान सिखायी जाती हैं।

जेट एअरवेज़ में काम करने वाली एक होस्टेस ने मुझे पूछने पर बताया था कि सर, सिर्फ "हैलो सर" कहने की स्टाइल, सही तरीका सिखाने के लिए हमारे ट्रेनिंग इंस्टिट्यूट ने दो दिन लगाये थे। बाय-बाय कैसे कहना होता है, यह समझाने के लिए विदेशी महिला को फैकल्टी के रूप में उनकी कम्पनी रु. 10,000 सिर्फ दो घण्टे के सत्र के लिए देती है। मुसाफिर अच्छा आतिथ्य और सम्मान चाहता है।

एक सुपरवाइज़र एअर होस्टेस के साथ मेरी राजभाषा हिन्दी को लेकर संक्षिप्त बात हुई थी। एक बार हुआ यह था कि चेन्नई से दिल्ली जा रही फ्लाइट में सुपरवाइज़र महोदया बार-बार यही अनाउंस कर रही थी कि "विमान बूरी तरह रुकने से पहले यात्री अपना स्थान न छोड़ें" मैंने मिलकर उनसे कहा था कि मैडम अनाउंसमेंट में आपकी आवाज़ और आपका अन्दाज़ काफी प्यारा और स्पष्ट है। एक कमी ज़रूर है कि आप इंग्लिश के प्रभाव में आ कर प को ब बोलती है। इससे अनर्थ हो जाता है। "आप पूरी तरह" कहिएगा "बूरी तरह" नहीं।

प्राइवेट एअरलाइन वाले लोग ऐसे सुझाव झट से मान लेते हैं। उसने मेरा आभार व्यक्त किया था और दुबारा जब फ्लाइट उतरने के पहले उसने अनाउंसमेंट किया तो विमान बजाय बूरी तरह के—पूरी तरह रुकने की बात उसने तत्काल अमल में लायी थी। पब्लिक सेक्टर वाली संस्था आमतौर पर इतनी रिसेप्टिव नहीं होती है।

मैं नागालैण्ड/दीमापुर जा रहा था तब मुझे याद है मैंने जब बार-बार घण्टी दबाकर होस्टेस महोदया को बुलाने की कोशिश की तब अपने आसन को छोड़कर मेरे सामने आ कर झल्लायी थी कि क्या है? मैंने पानी माँगा तो इस प्रकार सर्व किया कि दुबारा कुछ माँगने की या उन्हें बुलाने की हिम्मत मुझसे नहीं हुई।

ड्रेस कोड को लेकर मैं अक्सर सोचता हूँ जैसे सार्वजनिक और एकाध प्राइवेट कम्पनी ने भी यान बालाओं के लिए साड़ी और चोली का ड्रेस कोड रखा हुआ है। नमस्कार में ये बालाएँ हाथ जोड़ती हैं और सर झुकाती हैं। शायद भागवत् में हाथ जोड़कर मस्तक नवाने की व्याख्या की गयी है। जिसके सामने हाथ जोड़े जाते हैं वह कस्टमर इन बालाओं का ईश्वर, भगवान, गॉड, ग्राहक और राजा है। हाथ हमारी कार्मिक शक्ति के प्रतीक हैं। मस्तक हमारा विवेक और ज्ञान शक्ति का प्रतीक है।

पोर्ट पर बैठे-बैठे मेरा मन टेक ऑफ करके उड़ चला जाता है। मेरे मुख्यालय मुम्बई नगर में रुटीन लोकल ट्रेन का सफ़र। दौड़ते हाँफते पच्चीस की, बयालीस की या बाईस की पकड़ने की परेशानी पसीना-पसीना और जानलेवा गर्मी बारह महीने इन्सान को उबाल-उबालकर बेजान कर देती है। अंडाकरी हो जाता है जिस्म।

मानना पड़ेगा लालू प्रसाद यादव की कार्य-शैली और प्रखर देशज प्रतिभा को जिसकी बदौलत उन्होंने अपने विभाग और मंत्रालय को प्रॉफिटॅबिलिटी दिलवायी। आज के ज़माने में सार्वजनिक क्षेत्र में इस प्रकार के चमत्कार इने-गिने ही लोग कर पाते हैं। कई बार मुझे लालू प्रसाद मेरे सबसे फेवरेट लोक नेता लगते हैं। उनकी बात और काम करने की स्टाइल बेमिसाल और अनचॅलेंजेबल है। लोकनायक में जरूरी सभी तत्त्व उनमें पाये जाते हैं। बहुत ज़्यादा रिफाइन कर-करके कई नेता लोग अपने व्यक्तित्व को बेजान कंकाल बना लेते हैं। बिना ज़िन्दादिली के सिर्फ नफासत का असर ज़ीरो हो जाता है। लालू प्रसाद की ज़िन्दादिली प्यारी और असर भरी है। जब वे बोलने लगते हैं तब पूरी संसद की संसद

गर्दन मोड़-मोड़कर उनका हर शब्द सुनने लगती है। एक विज़न और दर्शन के धनी ऐसे नेताओं को देश और विदेश के विख्यात मैनेजमेंट संस्थान मार्गदर्शक के रूप में बुलाते हैं। आजकल उन्हें बेहतरीन फैकल्टी के रूप में जाना जाने लगा है। नेहरूजी के बाद इस मायने में मुझे लालूजी पसन्द आते हैं।

मुम्बई की लोकल ट्रेन में भी परिवर्तन आएगा। परिवर्तन के कई दृश्य नज़र के सामने उभर रहे हैं।

लोकल ट्रेन के हर डिब्बे को एअरकंडिशन कंपार्टमेंट में तब्दील किया गया है। हर कंपार्टमेंट के द्वार पर चढ़ने वाले मुसाफिर का स्वागत करने के लिए विमान की तरह रेल होस्टेस मुस्कुराती हुई खड़ी है।

प्लेटफॉर्म पर लोकल रुकते ही हम अन्दर घुसने लगते हैं। रेल बाला मुखातिब हो कर मुस्कुराती है। कहती है हॅलो सर। हाऊ आर यू सर। वेलकम सर।

हम बिना उनकी ओर देखे कंपार्टमेंट में प्रविष्ट हो जाते हैं। खिड़की की सीट मिले या न मिले कोई परवाह नहीं। अन्दर खड़ी रेल सेविका के हाथ में अपना बगल थैला हम थमा देते हैं। वह बगल थैला कंपार्टमेंट के रैक पर रख देती है। कुछ देर बाद–उद्घोषक (स्वर महिला का) कह देती है कि यह कर्जत/विरार या किसी दूर के स्टेशन तक जाने वाली फास्ट लोकल ट्रेन है। अतः यात्रियों से विनम्र अनुरोध है कि बीच वाले स्टेशन पर उतरने का विचार न करें। कुछ ही पल में हमारी ट्रेन प्लेटफॉर्म छोड़कर अपनी यात्रा शुरू करेगी। कर्जत तक की दूरी हम 1 घण्टा 30 मिनट और 27 सेकेण्ड में पूरी करेंगे।

यात्रियों से अनुरोध है कि हमारी रेल बाला द्वारा दी जाने वाली सुरक्षा हिदायतों को ध्यान से नोट करें। सरकार के आदेशानुसार रेल यात्रा के दौरान धूम्रपान और नशापान का निषेध है। यात्री अपने सामने वाली सीट पर पैर न रखें।

बीच वाले स्टेशन पर स्कूल के नन्हे-मुन्ने बच्चों की सहायता और उनकी सुरक्षा और हिफ़ाजत करना हमारी तरह सभी यात्रियों का फ़र्ज है।

कंपार्टमेंट के द्वार पर खड़ा रहकर खुली हवा में बालों को लहराना, मोबाइल पर बात करना मुसाफिरों के लिए वर्जित है। यह स्थान सिर्फ हमारी रेल परियों के लिए आरक्षित है। आपातकाल के दौरान रेल को पानी में तैरना पड़े तो यात्री कंपार्टमेंट से उतरने की कोशिश न करें। आखरी दम तक अपनी जगह न छोड़ें। अपनों को आखिरी बार याद करें।

यात्री नोट करें कि ट्रेन रोकने के लिए लगायी गयी चैन खिलौना नहीं है। आपातकालीन स्थिति में ही इसका प्रयोग किया जाना चाहिए। मौज-मस्ती के

लिए चैन खींचने पर तीन महीने का निःशुल्क सरकारी आतिथ्य और खानपान का प्रावधान और तजवीज़ की जाती है।

यात्रा के दौरान आपके मनोरंजन के लिए गायक और वाद्य बजाने वाले भिक्षुक उपस्थित होंगे। आप अपनी इच्छा और कूवत के अनुसार मानदेय देकर उनकी सेवाएँ ले सकते हैं।

इन दिनों आम मुसाफिर दो प्रकार के यात्रियों से त्रस्त हैं। एक सन्देहास्पद लगने वाले मुसाफिर जिन्हें देखकर लग सकता है कि इनके थैले में फटने वाली कोई चीज़ रखी हो। दूसरे ऐसे लोग अर्थात् किन्नर जो ताली बजा-बजाकर हमारे ग्राहकों से और मुसाफिरों से जबरदस्ती पैसा वसूलते हैं। हम रेल बालाएँ और सरकार भी इन पर कुछ खास नियन्त्रण कर नहीं पायेंगे। यात्री अपनी सुरक्षा इन लोगों से अपने भरोसे ही कर लें। यात्रा शुरू होती है अब।

कंपार्टमेंट में यात्रियों की भीड़ किसी फ्लाइट की तुलना में कई गुना ज़्यादा है। फ्लाइट में लोग थककर और भूखे आते नहीं हैं। रेल बालाएँ स्वागत में देने वाले चॉकलेट की प्लेट या टोकरी नहीं लातीं। बड़ा बोरा सर पर लिये हुए मुट्ठी भर-भरकर बाँटती हैं चॉकलेट।

और दूसरी रेल परी गोद में एक गठरी लिये चिल्लाती आती है—"चिक्की... चिक्की.....चिक्की।"

चिक्की वाली के पीछे आती है दूसरी रेल होस्टेस पुकारती हुई—आलेपाक... आलेपाक.....आलेपाक।"

आलेपाक के बाद एक हसीना—रेल-सेविका कंपार्टमेंट में पुकार लगा रही है—"दाना.....दाना.....दाना" सींगदाने की छोटी-छोटी पुड़ियाँ लोग रेल हसीना के हाथ से लपककर छीन रहे हैं।

ट्रेन प्लेटफॉर्म छोड़कर निकल चुकी है। रेल बालाएँ आपस में बात कर रही हैं। कितना अच्छा हुआ कि रेल वालों ने हमें अपनी नौकरी में रखा है। वरना हम बार में रात चार-चार बजे तक नाच और कूदकर थक जाती थीं। कुछ लोग हैं हम में ही जो इस धन्धे में पहले से ही थीं—एअरलाइन में। वे अपने आप को हमसे अलग और बड़ी समझती हैं। सेवा तो हम उनसे भी बेहतर दे रही हैं।

महिला स्पेशल ट्रेन में माहौल कुछ अलग है। विश्वसनीय सूत्रों के अनुसार महिला स्पेशल में जनरल ट्रेन के मुकाबले ज़्यादा तू-तू, मैं-मैं होती है। उठापटक होती है। बात हद से बढ़ जाए तो कई बार एक औरत दूसरी को ट्रेन के बाहर भी फेंक देती है। हर एक के एक हाथ में मोबाइल, दूसरे में पॉलिथिन बैग और बगल में पर्स के कारण कंपार्टमेंट की क्षमता महिलाओं की भीड़ को वहन करने में कम

पड़ जाती है। ऐसे में आदमी मेरा मतलब महिलाओं का यह समुदाय बहुत ही कर्कश और आपस में एक-दूसरे के लिए कठोर और आक्रामक बन जाता है। महिलाओं की ऐसी भीड़ का नियन्त्रण आदमियों के और न ही कम उम्र की लड़कियों के बस की बात है। इसके लिए एअरलाइन की ऐसी एक्सपर्ट सेविकाओं का इन्तजाम करना पड़ेगा, तैनाती करनी पड़ेगी जो अदब में मुसाफिर महिलाओं से भी एक्सपर्ट हों। कमर में 90 डिगरी तक झुककर सलाम, नमस्ते कर सकें और वक़्त आने पर रानी लक्ष्मीबाई का रूप लेकर भीड़ में अनुशासन लॉ एण्ड ऑर्डर–कंपार्टमेंट में कायम कर सकें। मेरी जानकारी के अनुसार महिला स्पेशल के लिए 40+ वाली सेविकाएँ उड्डयन मन्त्रालय की सहायता से और सरकारी एअरलाइन से आमन्त्रित की जा सकती हैं। 40+ के बाद इन्सान खास करके महिलाएँ अधिक आक्रामक, अधिक पझेसिव, अधिक कुशल, अधिक सफल, अधिक समझदार और अधिक असरदार बनती हैं। पहले तो बस बचपना चलता है। महिला स्पेशल में भी अनाउंसमेंट वही होगा। चिक्की, दाने, ठण्डा समोसा और गरम पानी, निःशुल्क गायन-वादन सेवा जनरल ट्रेन की तरह उपलब्ध होगी।

अनाउंसमेंट जेट एअरवेज़ कर रहा है। दिस इज़ लास्ट एण्ड फायनल कॉल फॉर डा. श्रीराम मुण्ढे ट्रॅवलिंग बाय फ्लाइट नं. ...

मैं खड़ा हो जाता हूँ। सिक्युरिटी के लिए चल निकलता हूँ। आजकल सिक्युरिटी बड़ी कड़ी हो गयी है। हर चीज़ खोलकर देखते हैं। टूथपेस्ट, शेविंग क्रीम और मेरी नितान्त गोपनीय चीज़ें मुम्बई में बैग खोलकर सबने मुम्बई पोर्ट पर देखी थीं। मैं पानी-पानी हो गया था (पसीने से)।

एक तो एयरपोर्ट और खास तौर से मुम्बई, कोलकाता, दिल्ली, चेन्नई जैसे एअरपोर्ट मुझे बड़े अच्छे लगते हैं। पूरा दरबार एअरकंडिशन, ताज़ा-ताज़ा और जवान होता है। कुर्सियाँ खाली-खाली होती हैं। लोग अपनी-अपनी मस्ती में होते हैं। कई लोग आपको पैर फैलाकर सोते हुए भी मिलेंगे।

चेन्नई में जो चीज़ मैंने देखी उसको लेकर हेमा के साथ काफी लम्बी और घनी देर तक चर्चा हुई है। हम दोनों आपस में एक-दूसरे से बार-बार यही पूछ रहे थे कि देश में, पूरी दुनिया में नहीं वह चीज चेन्नई में ही कैसे आ गयी है? फिर हम दोनों ने मिलकर इस विषय का एक-एक धागा, एक-एक तंतु खोलकर अन्वेषण, चिन्तन, खण्डन किया।

तथ्य यह है कि हमारे पौराणिक चरित्र देश की सामाजिक, आर्थिक, राजनीतिक या पारिवारिक व्यवस्था के अंग बन गये हैं। हर घर में कृष्ण होता है, राधा होती है, कर्ण और अर्जुन भी होता है वगैरह.....वगैरह।

हम प्रश्न कर रहे हैं कि तमाम छोटे-मोटे पौराणिक चरित्रों के मन्दिर हमने बनाये हैं। उनके आदर्श का अनुसरण और अनुपालन आमतौर पर हमने किया है।

द्रौपदी नाम का चरित्र पूरे महाभारत के सेण्टर में खड़ा है। द्रौपदी को महाभारत से हटाकर देखिए। पूरा मज़ा ख़त्म होगा, रस सूख जाएगा और रंग उड़ जाएगा। लेकिन ताज़्जुब होता है कि द्रौपदी नाम लेकर कोई महिला, कोई स्त्री आज तक हमारे सामने आयी नहीं। सीता, राधा, सावित्री, लक्ष्मी हर चरित्र का अपना एक मन्दिर हर गाँव में कहीं-न-कहीं होता ही है।

द्रौपदी का मन्दिर हमने आज तक कहीं भी नहीं देखा था।

पोर्ट में अब मेरे पास दो घण्टे का वक़्त है। मैं सोच रहा हूँ, क्या बिगाड़ा था दुनिया का इस औरत ने जिसकी वज़ह से हमने उसकी महिमा और गरिमा को, प्रखरता और मेधा को, उसकी चुनौती को हमारी सामाजिक व्यवस्था और चेतना का हिस्सा बनने ही नहीं दिया।

डॉ. राम मनोहर लोहिया कहा करते थे कि द्रौपदी के आदर्शों पर चलने पर भारतीय स्त्री का चरित्र अन्तर्राष्ट्रीय स्तर पर अनुकरणीय और अनचैलेंजेबल हो सकता है। उनका कहना था कि द्रौपदी में सीता की पवित्रता, पाँच गुना ज़्यादा है, गार्गी का प्रखर तर्क-तेज़ और युलिसिस की नायिका और दुनिया भर का सौन्दर्य क्लीओपेट्रा—तीनों नायिकाओं का घोल द्रौपदी में मिलता है।

डॉक्टर लोहिया के पहले और डॉक्टर लोहिया के बाद भी द्रौपदी का उल्लेख सम्मान के साथ करने की हिम्मत और ईमानदारी किसी ने नहीं दिखाई।

ईश्वर ने कल रात पूछा था कि आप चेन्नई में क्या-क्या देखना चाहते हैं? वक़्त की कमी थी। फिर भी मैंने पूछा क्या-क्या दिखा सकते हो। फिर ईश्वर ने मुझे मरीना बीच, अन्ना युनिवर्सिटी—कई-कई चीज़ों की लम्बी लिस्ट सुनवायी। इस लिस्ट में पांचाली मन्दिर का उल्लेख देखकर मैं रुक गया।

ईश्वर ने कहा पांचाली मन्दिर मतलब द्रौपदी का मन्दिर है। फिर हम एयरपोर्ट जाते-जाते मैलापुर (City of Dames) चलेंगे। रास्ते में कई मन्दिर पड़ते हैं।

मुझे सिर्फ द्रौपदी का मन्दिर देखना था।

हेमा और मैं सम्पर्क अधिकारियों की कार्यशाला के समापन के बाद लगभग दो घण्टे यही निष्कर्ष निकाल रहे थे कि द्रौपदी के पास वे सभी गुण थे जो एक कुशल प्रबन्धक के पास होने चाहिए। वज़ह उसकी यह थी कि सूचना अधिकारियों की तुलना नदी में नहाती गोपियों के साथ करते हुए मैंने समझाया था कि सूचना माँगने वाला नागरिक हमारे लिए भगवान रूप है। बात जब और आगे बढ़ी तो मैंने यह भी कोशिश की थी कि लोग यह भी समझें कि सूचना देने वाले अधिकारी

का नेक इनकार, सूचना न देने की वजह जायज़ है तो ऐसे अधिकारी को यह कानून सुरक्षा ही देता है। इस प्रसंग पर द्रौपदी के वस्त्र-हरण का प्रसंग छेड़कर निष्कर्ष निकाला था कि भगवान कपड़े उठाकर भाग भी जाता है और ज़रूरी और जायज़ हो तो इज़्ज़त बचाने का दायित्व भी खुशी-खुशी ले लेता है।

आखिरी घटना महाभारत की याद कर रहा हूँ। राजपाट छोड़कर युधिष्ठिर हिमालय की ओर चल पड़ा है। पीछे उसके भीम है। बीच में अर्जुन, बाद में नकुल और सहदेव। सबके पीछे रानी द्रौपदी है और द्रौपदी के पीछे एक कुत्ता है।

युधिष्ठिर सबसे आगे रहकर पाण्डवों को दिशा-निर्देश करता है ऐसी व्याख्या अक्सर की जाती है। दरअसल उम्र में सबसे बड़ा होने की हैसियत से इसके पास अनुभव अधिक है और मैदान पर ज़रूरी आक्रामकता कम है। मार्केट और युद्ध में जितने के लिए किलर इनस्टिंक्ट का होना ज़रूरी होता है। हार या जीत की व्याख्या में धर्मराज अक्सर शास्त्र और परम्परा का आधार लेते हैं। समझौता इसी का दूसरा नाम है। धार्मिक रहकर भी धर्म के माध्यम से झूठ बोलना धर्मराज स्वीकार लेता है।

महायात्रा चल रही थी कि अचानक द्रौपदी ज़मीन पर गिर पड़ी। गिरते ही उसने दम तोड़ दिया। भीम ने पीछे मुड़ कर उस दृश्य को देखा और अपने भाई के पीछे चलते हुए कहा कि "बड़े भैया, द्रौपदी जैसी सती, साध्वी और महारानी को इस तरह अचानक मृत्यु ने कैसे घेर लिया।"

"भाई, यह उसके किये कर्मों का फल है। तुम्हें पता नहीं है, तुम जान जोख़िम में डालकर द्रौपदी के लिए हमेशा लड़ते और खपते रहे। लेकिन मन से द्रौपदी ने हमेशा अर्जुन को ही चाहा था। हम पाँचों भाई धर्म के आधार पर उसके पति थे। किसी एक को लेकर उसके द्वारा किये पक्षपात की उसे सज़ा मिली। उसकी मौत हुई। चलो।" युधिष्ठिर ने समझाया।

द्रौपदी के बाद नकुल गिर पड़ा और उसकी भी मौत हो गयी। नकुल के बाद सहदेव की भी वही गत हो गयी। युधिष्ठिर ने नकुल के मरने की व्याख्या करते हुए कहा कि वह अपने आप को नम्बर वन विद्वान समझता था। इसलिए मौत उसको चबा गयी। सहदेव दिखने में सुन्दर था और अपनी सुन्दरता पर खुद ही मरता था इसलिए उसका अन्त इस प्रकार हो गया।

अर्जुन के गिर पड़ने पर और दम तोड़ने पर भीम का दिल काँप उठा। युधिष्ठिर के कन्धे पर हाथ रखकर उसने पूछा कि भैय्या कम-से-कम अर्जुन के बारे में तो मैंने यह नहीं सोचा था। उसे किस बात पर नाराज़ होकर मौत ने ऐसी सज़ा दी है।

"भीम, आज तक मैंने यह राज़ किसी के सामने खोला नहीं था। एक प्रसंग मैं अब तुम्हें जरूर बताना चाहता हूँ। रात का तीसरा प्रहर था। द्रौपदी और मैं अंतःपुर में थे। अर्जुन पता नहीं क्या सोचकर हमारे बीच अन्दर आ गया। मेरे पूछने पर उसने बताया कि हथियार ढूँढ़ रहा हूँ। चेहरे पर मेरे नाराज़गी देखकर वह लौट गया।

दरअसल हम पाँचों भाइयों के बीच हुई आपसी सहमति को तोड़कर अपने भाई के ही अंतःपुर में घुसने की गलती की उसने। अर्जुन को अपनी ताकत पर ज़रूरत से ज़्यादा ग़रूर था। दुश्मन को उसने हमेशा कमज़ोर समझा। बदला लेने की कसमें वो बार-बार खाता था। लेकिन किसी-न-किसी कारण से उसकी कसमें टूट जाती थीं।

जब मैंने उसे अंतःपुर से बाहर निकाला तो नियम के अनुसार उसे गृहस्थ जीवन से बारह साल का सस्पेंशन और ब्रह्मचर्य स्वीकारना ज़रूरी था। वह इन्द्रप्रस्थ छोड़कर तो चला गया। लेकिन रास्ते में बारह वर्ष के वनवास में ब्रह्मचर्य को हर मोड़ पर तोड़ने के रिकॉर्ड उसने बनाये। अप्सरा उलूपि के साथ उसने शादी रची। उधर मणिपुर जाकर चित्रांगदा के साथ विवाह किया और आगे जाकर लावण्यवती वर्गा और उसकी चार-चार सहेलियों को अपने साथ पत्नी की तरह रखा। सांसारिक जीवन से निलम्बित होने के बावजूद उसने कृष्ण की बहन सुभद्रा को भगाकर ज़बरदस्ती विवाह किया। अर्जुन इसी प्रकार की मौत डिज़र्व करता है।"

भीम चक्कर खाकर गिरते-गिरते पूछ बैठा कि अब मेरी भी गलती बताओ। युधिष्ठिर ने कहा कि "तुम खाते बहुत थे, ताकत का अहंकार तुममें था, तुम्हारी मौत इसी का फल है।"

## मयसभा उर्फ ज़िन्दादिली

पाण्डवों ने इन्द्रपस्थ में अपना प्रशासन खड़ा किया और पाँचों भाई शान्ति और सुख से रहने की क़ोशिश करने लगे। कम्पीटीशन कौरवों के साथ था। तय हुआ कि एक ऐसा महल बनाया जाये जिसे देखकर कौरवों के सीने में आग लग जाये और दिल जलकर राख हो जाये। 14 माह खपकर महल बना। क्षेत्र था 10000 × 10000। दीवारों में मोती जड़े थे, हीरे और जवाहरात लगे हुए थे। दीवारें शीशों की थीं। मीलों दूर से सुबह की धूप में झिलमिल-झिलमिल करता शीशमहल, शीशमहल के सामने नीली-नीली झील, झील में तैरती सोने की मछलियाँ। इन सबके लिए मयसभा विख्यात हो गयी। ब्रह्म, कुबेर, वरुण और इन्द्र के दिल में भी इस भवन को लेकर लालच जगा।

मयसभा का उद्घाटन था। सभी आमंत्रित थे। भीष्म, द्रोण तो थे ही, मामा शकुनि के साथ दुर्योधन भी पधारे थे। सब लोग वापस चले गये कार्यक्रम ख़त्म होने के बाद। लेकिन दुर्योधन और शकुनि पीछे रुके।

दूसरे दिन की सुबह ब्रेकफास्ट के बाद का वक़्त है। पाँचों पाण्डव और द्रौपदी टेबल पर बैठे हुए हैं। मामा शकुनि और दुर्योधन टहल रहे हैं। आलम बड़ा सुहावना है।

अचानक सहदेव चिल्लाया कि मामा सँभल के, आगे फिसल जाओगे, पानी ही पानी है। असलियत कुछ और थी। पानी का आभास होता था लेकिन पक्की ज़मीन थी। दुर्योधन धोती उठाकर चलने लगा। जूते निकालकर हाथ में लिये ताकि भीगकर खराब न हों।

द्रौपदी अपनी देशज हिम्मत के साथ टाँट करती है—देवरजी नीचे पानी नहीं, ज़मीन है, धोती छोड़ दीजिए। दुर्योधन लज्जित हुआ। जूते पहने और सहज ज़मीन पर चलने का अभिनय अकड़ के साथ दिखाने लगा।

मीटर भर दूरी के बाद झील शुरू होती थी। दुर्योधन को पता ही नहीं चला। अगले ही पल फिसलकर वह पानी में गिरा। गीला हो गया, कपड़े भीग गये, सब लोग हँसने लगे।

द्रौपदी की हँसी तेज़ थी, चुभने वाली थी, दुर्योधन के लिए मानो तेज़ाब थी। युधिष्ठिर दौड़ा-दौड़ा कपड़े ले आया। भाई दुर्योधन को पहनाये। दुर्योधन फिर सहज हो कर बिना पाण्डवों की तरफ देखकर, चोट खाकर सामने चला।

आगे द्वार था और द्वार से सटकर दीवार थी। द्वार, दीवार और झील में फर्क करना मुश्किल था। (द्वार, दार, दारा, दारिका और स्त्री तीनों शब्द एक-दूसरे के समान प्रयुक्त होते हैं) दुर्योधन ने द्वार समझकर धक्का मारने की कोशिश की। लेकिन द्वार था ही नहीं। चक्कर खाकर वह दीवार से टकरा गया। माथे पर और एक चोट आ गयी। फिर सँभला और दुबारा द्वार खोलने का प्रयास किया। अब द्वार था और द्वार खुला ही था पर बन्द प्रतीत होता था। जोर लगाने की कोशिश में वह मुँह के बल गिर गया।

"बेटा दार, द्वार और दीवार से सँभलकर रहो।" भीम का ज़हरीला कॉमेंट। द्रौपदी ने और ज़हरीला कॉमेंट किया—अन्धे का बेटा भी अन्धा ही निकला। दार और दीवार का फर्क यह क्या समझेगा। भीम का ताना दुर्योधन के लिए नया नहीं था। लेकिन द्रौपदी का एक-एक शब्द दुर्योधन और मामा शकुनि के कलेजे को चीरता गया। बदले की कसम खाकर मामा और भांजा हस्तिनापुर लौट आये।

द्रौपदी बड़ी हिम्मतवाली महिला है। किसी की खिल्ली उड़ाने में वो डरती नहीं है। किसी से सवाल करने में और दो टूक जवाब देने में कोई संकोच उसे होता नहीं। बाकी चरित्रों के साथ द्रौपदी की तुलना बड़ी इंटरेस्टिंग बात है।

## द्रौपदी और धर्म

धर्मराज द्रौपदी का सीनियरमोस्ट पति है, ज्ञानी है, दार्शनिक है, शास्त्री है और समझदार भी है। हर संकट की घड़ी में समझौता कर बच निकलना उसे आता है। दूसरी तरफ़ हर क्राइसिस के मूल में धर्मराज की ढुलमुल नीति और खाओ, पियो, द्यूत-जुआ खेलो सामने आती है। धर्म के नाम पर जुआ खेलना भी उसके सामने ज़ायज है। पहले तो उसने अपनी ट्रेज़री का पूरा का पूरा कोष दाँव पर लगाया और हार गया। कोष हारने के बाद राज्य को दाँव पर लगाया। पूरा इन्द्रप्रस्थ साम्राज्य धर्मराज ने जुए में खो डाला। धर्मराज रुका नहीं। अपने भाइयों को दाँव पर लगाया। भाइयों के बाद खुद भी दाँव पर लग गया और हर बार हारा। जीतने की तमीज़ और अक्ल नहीं थी।

वह दौर भी आ गया जब उसने द्रौपदी को दाँव पर लगा दिया। कॉम्प्रोमाइज़ करना, परम्परा और शास्त्र की, तकनीकी ज्ञान की अपने समर्थन में व्याख्या करना धर्मराज को आता है। द्रौपदी न धर्म को मानती है न परम्परा को। उसने भरी सभा को, भीष्म को, द्रोण को, विदुर को, उपस्थित हर पति और देवरों को, गुरुजनों को, बुजुर्गों को तार्किक लताड़ें दे-देकर पूछा कि मुझ पर दासत्व या दासता डालने वाले खुद पहले ही दास हो चुके हैं। इसलिए मुझ पर किसी का अधिकार हो ही नहीं सकता। द्रौपदी शास्त्र की, दर्शन की, ज्ञान और सिद्धान्त की नहीं, तर्क की महादेवी है।

द्रौपदी के सबसे ज़्यादा सवाल अपने वरिष्ठतम पति को लेकर हैं। उसने कमजोर सिद्धान्त और तर्क को चुनौती दी है।

महाभारत ख़त्म होने पर युधिष्ठिर शोकाकुल, गर्दन घुटनों में डालकर रोने लगता है। द्रौपदी समझाती है धर्मराज को कि राजा जी तुम्हारी भौजाइयाँ विधवा तो बनने ही वाली थीं। औरतों की तरह रोना तुम्हें शोभा नहीं देता। तुम कुर्सी पर, सिंहासन पर बैठते तो हो पर अपराधियों पर, आततायियों पर नियन्त्रण और अंकुश रखना, उन्हें ख़त्म करना तुम्हारा दायित्व है। तुम अपने दायित्व से मुकरो मत। उठो, रोते कायर लोग हैं। राजधर्म का वहन करो। द्रौपदी सही अर्थों में धर्मराज की कंसलटेंट और एडवाइज़र है।

## दुर्योधन और द्रौपदी

अपने और पराये लोगों की बात-बात में बेइज़्ज़ती, प्रताड़ना, अपमान और नुकसान की राजनीति दुर्योधन का फंडा है। विश्वासघात और दाँवपेंच उसका स्वभाव है। धर्मराज धर्म का आधार लेकर राजनीति के एक छोर पर सुरक्षित मक़ाम पाकर

रुक जाता है तो दुर्योधन धर्म के दूसरे छोर पर जाकर पाण्डवों की फ़ौज को तबाह करने के सपने बुनता है। द्रौपदी का सूत्र दोनों को चाहे-अनचाहे मैदान में खींच लाता है, आपस में उलझाता है, उकसाता है।

द्रौपदी की ताक़त को कौरव सेना में सिर्फ दुःशासन ने रेकगनाइज़ किया था। लड़ाई-झगड़े के पहले ही उसने द्रौपदी के सामने प्रस्ताव रखा था कि अब भी वक़्त नहीं गया है। हमारी रानी हो जाओ। हम पाण्डवों के साथ बिल्कुल उलझेंगे नहीं। दरअसल ऐसा होता तो महाभारत का रंग कुछ और ही होता। हो सकता है कि महाभारत होता ही नहीं।

पाण्डवों की अस्मिता, पाण्डवों की ताक़त, पाण्डवों की प्रेरणा और पाण्डवों की धारणा भी द्रौपदी है इस बात को दुर्योधन पूरी तरह जानता है। इसलिए पाण्डवों का आत्मविश्वास, अहंकार और सामर्थ्य तोड़ने के लिए उसने बार-बार द्रौपदी को तोड़ने या बेइज़्ज़त करने का दाँव रचा है। शकुनि मामा की सलाह थी कि तुम द्रौपदी का हरण करो, भगा ले जाओ तो पाण्डव सामर्थ्यहीन हो जाएँगे। धृतराष्ट्र ने इस पर समझाया था कि हरण सीता का होता है। किसी और स्त्री का हो सकता है, द्रौपदी का नहीं। यह स्त्री किसी के बस में, किसी के हाथ में नहीं आ सकती है। बदनाम करके उसे तोड़ नहीं सकते। दुर्योधन को धृतराष्ट्र ने समझाया था कि पुत्र; इस स्त्री की प्रबन्धकीय कुशलता के सामने तुम्हारा हर दाँव और हर वार बेकार जाने वाला है। कुशल प्रबन्धक खुद कुछ नहीं करता है। अपनी टीम से बड़े-बड़े पहाड़ उठवाता है। अपने पतियों, अपनी टीम से अपनी टीम को प्रेरित कर यह औरत हमारा सर्वनाश करने वाली है। बेटे, अपनी टीम को, फ़ौज को चेताने, उकसाने और प्रोत्साहित करने का आर्ट इस औरत से सीखो।

दुर्योधन की हर राजनीतिक चाल का जवाब पाण्डवों ने द्रौपदी से प्रेरणा या प्रताड़ना पाकर दिया है। ऐसी घड़ियाँ कई बार आयीं कि पाँचों पति हताश हुए, हार गये, डूब गये और गर्दन झुकाकर बैठ गये। द्रौपदी ने उन्हें धक्के मार-मार कर जगाया कि उठो और लड़ो।

## द्रौपदी और भीम

भीम की कई चरित्रगत विशेषताएँ द्रौपदी से मेल खाती हैं। युयुत्सु स्वभाव दोनों का ही है। अँधेरे में जाकर देखेंगे तो दुर्योधन भी इन्हीं के ग्रुप का लगने लगता है।

पाण्डवों की पत्नी होने के नाते दुर्योधन का ख़ात्मा द्रौपदी का अन्तिम लक्ष्य है। दुर्योधन के बाहुबल का मुकाबला और कोई नहीं सिर्फ भीम कर सकता है, इसका विश्वास द्रौपदी को ही है। उसने बार-बार अपना टार्गेट शूट करने के लिए भीम को ही उकसाया है।

प्रबन्धक—कुशल प्रबन्धक के सामने उसका विज़न स्पष्ट, क्लीयर होता है। क्या और किसलिए करना है इस बारे में पुनर्विचार की नौबत उसके सामने नहीं आनी चाहिए। द्रौपदी का विज़न कौरव सेना पर पाण्डवों की स्पष्ट विजय है। अपने विज़न को द्रौपदी भीम के मन में ही स्पष्ट करती है। विज़न का जहाँ तक सम्बन्ध है, बाकी चारों पाण्डवों में उसकी स्पष्टता, प्रखरता बड़ी अस्पष्ट और कमज़ोर प्रतीत होती है।

अर्जुन नम्बर 1 शूटर है, दुनिया भर में विख्यात योद्धा है, धनुर्विद्या और अन्य शस्त्रों और अस्त्रों का प्रयोग अर्जुन की तरह दुनिया में कोई कर नहीं सकता लेकिन ऐन मौके पर जब कि दुश्मन ललकारता है, युद्ध आरम्भ होने का शंख बज उठता है और दुश्मन पर टूट पड़ने का मौका आता है, ऐसी क्रिटिकल घड़ी में अर्जुन पालथी मारकर युद्ध के मैदान में ही बैठ जाता है। कहता है, मुझे नहीं लड़ना। आग्रह करने पर कहता है कि क्यूँ लड़ूँ, किस लिए लड़ूँ, किसके साथ लड़ूँ, मुझे मिलेगा क्या इन लोगों को काटकर, मेरे लड़ने से कई लोग मारे जाएँगे, कई माँगें उजड़ जाएँगी, बच्चे कई लावारिस और बेपनाह हो जाएँगे, अनाचार फैलेगा। यह सब होगा, मेरे लड़ने से, तो बेहतर है, नहीं लड़ूँ।

विज़न संस्था की लड़ाई की पहली ज़रूरत होती है। असलियत यह है कि महाभारत में पाण्डवों के पक्ष में लड़ाई का मक़सद और विज़न अलावा द्रौपदी और भीम के किसी के भी पास नहीं है। भीम और द्रौपदी का टार्गेट—लक्ष्य दुर्योधन है, दुर्योधन की हत्या है।

## अर्जुन और द्रौपदी

अर्जुन योद्धा सर्वोत्तम भले ही था पर लड़ने की घड़ी में वह निर्बल हो जाता था। मनोबल उसका रिवर्स में दुगुनी स्पीड में भागने लगता था। उसकी तमाम कुशलता और कमाई कमज़ोर पड़ जाती थी।

द्रौपदी ने शायद दादा कृष्ण को कहा हो—दादाजी, इस आदमी को समझाओ या चूड़ियाँ पहना दो।

इस घमासान में नकुल और सहदेव अधिक उभर नहीं पाते हैं। इतना ज़रूर कहा जा सकता है कि माँ कुन्ती के अनुरोध पर द्रौपदी ने उनका पूरा खयाल रखा। पालन-पोषण और वर्धन किया। सतीत्व की रक्षा कोई और नहीं करता है।

प्रबन्धकीय सन्दर्भ में ऐसी घड़ियाँ कई बार आती हैं कि आपको अपने सिद्धान्त, अपने आदर्श, अपनी सोच और चरित्र को बेदाग और साफ़ रखने के लिए खुद लड़ना पड़ता है। संगठन द्वारा या समाज में उपलब्ध सुरक्षाकर्मी,

संरक्षक पति या पालक हमारी रक्षा नहीं कर पाते हैं। दुर्योधन ने द्रौपदी को विवस्त्र करने की चाल बार-बार चली। पूरा कौरव वंश ताक़त लगाकर द्रौपदी को बेआबरू करने में लग जाता है। पाँचों पति जिसमें भीम और अर्जुन भी हैं सामने बैठे हुए फिर भी उसके बेआबरू होने से, बिक जाने से वे उसे बचा नहीं पाते, दूसरी ओर बाल झिंझोड़े जा रहे हैं, वस्त्र खींचे जा रहे हैं। दुर्योधन-दुश्मन जाँघें उघाड़कर गन्दे-गन्दे इशारे कर रहा है। द्रौपदी ने इस घड़ी को अकेले झेला और अपनी रक्षा खुद की।

पति लोगों की जुए की लत की वज़ह से पूरा साम्राज्य हाथ से निकल गया और द्रौपदी पाण्डवों के साथ वनवास चली आयी। यहाँ पर भी बेआबरू करने वालों से छुटकारा नहीं था। सिन्ध राज्य के प्रभारी जयद्रथ की नज़र वनवासिनी द्रौपदी पर पड़ी। घोड़े से उतरकर वह द्रौपदी के सामने खड़ा हुआ। द्रौपदी में आतिथ्यशीलता कमाल की थी। जयद्रथ ने इधर-उधर की बातें कीं और बाद में हल्के से प्रस्ताव किया कि मेरे साथ चलो मैं तुम्हें सिन्ध की रानी 'मलिका-ए-सिन्ध' बना दूँगा। इन पाँच-पाँच जंगलियों के साथ रहने में तुम अपनी ज़िन्दगी और जवानी बर्बाद कर रही हो। इस प्रसंग के बाद ही द्रौपदी ने बड़ी कुशलता के साथ जयद्रथ की पिटाई करवायी थी। भीम उसका गला घोंटने ही वाला था कि महाराज—सीनियरमोस्ट पति—युधिष्ठिर जी बीच में आये, क्षमा करवायी। द्रौपदी इस वक़्त बहुत-बहुत चिल्लाती रही कि इसे ख़त्म कर दो, छोड़ो मत, बहुत ख़तरनाक है, मार डालो, लेकिन युधिष्ठिर माने नहीं—छोड़ दिया।

विराट राजा की रानी सुदेष्णा के महल में अज्ञातवास के दौरान द्रौपदी उसकी परिचारिका के रूप में रही थी। खराब किस्मत और दुर्भाग्य ने द्रौपदी का पीछा यहाँ पर भी नहीं छोड़ा। विराट के सेनापति कीचक की नज़र द्रौपदी पर पड़ी। कीचक ने सुदेष्णा को धमकाया कि अपनी परिचारिका मेरे हवाले कर दो। सुदेष्णा ने इनकार किया लेकिन कीचक पागल हो गया था। आखिरकार तय हुआ कि कीचक रंगमहल में मद्य और मांस का कार्यक्रम रखेंगे। द्रौपदी को वहाँ पर मद्य सर्व करने के लिए भेजा जाएगा। बाकी बातें कीचक अपने क्षेत्राधिकार के अन्तर्गत, स्वविवेक के अनुसार पूरी कर लेगा। द्रौपदी को इस बात का अधिक पता नहीं था लेकिन जैसे ही मालूम पड़ा वह भाग निकली।

भीम के कमरे में जाकर उसे जगाने और लताड़ने लगी कि भीमराज जागिये, मैं बेइज़्ज़त हो रही हूँ। आप सो रहे हैं। आपको नींद कैसे आ रही है। भीम जगा था और प्लान बना था। कीचक का वध एक स्ट्रॅटेजी बनाकर द्रौपदी ने भीम के माध्यम से, भीम को, भीम की कार्यशक्ति को मोटीवेट करते हुए किया था। स्ट्रॅटेजी यह बनी थी कि द्रौपदी खुद कीचक को इस आशय का आमन्त्रण

देगी कि कल रात महल से दूर एकान्त स्थित नृत्यशाला में द्रौपदी कीचक का इन्तजार करेगी। कीचक चूँकि प्यार और मोह में अन्धा हो गया था, तैयार हो गया। योजना के अनुसार द्रौपदी के वस्त्र ओढ़कर भीम नृत्यशाला में रात के अँधेरे में उपस्थित हुआ और इसी के दौरान कीचक नाम की बला द्रौपदी के रास्ते से हट गयी।

द्रौपदी की दूरदर्शिता, घटनाओं का विश्लेषण, व्यूह-रचना, स्ट्रॅटेजी, प्लानिंग, असाइनमेंट काम का सही-सही डेलीगेशन, काम करने वालों का प्रभावी मोटिवेशन, विज़न और विज़न का ट्रांसमिशन, लक्ष्य की प्राप्ति, अपने संगठन का प्रभावी ऑर्गनाइजेशन, दिशा-निर्देश कई चीज़ें प्रबन्ध शास्त्र आज के घमासान के, प्रतिस्पर्धा के माहौल में अनुकरणीय आदर्श बन सकते हैं।

कई बार आपकी पुकार, आपका निवेदन, आपकी चुनौती, आपकी अपील और आपके प्रस्ताव अनसुने रह जाते हैं। वजह होती है कि उच्चाधिकारी या तो गूँगे होते हैं या भीष्म या द्रोणाचार्य गुरुजी की तरह लाचार। ऐसे में कई बार प्रबन्धक हथियार डालने की सोचता है, टूटता है।

पाँच पतियों की बात सोचते-सोचते मुझे अपने संगठन के पाँचों क्लास याद आते हैं। (क्लास 4, 3, 2, 1 + निदेशक मण्डल) इन सबके बीच समन्वय का दायित्व निभाने की नाजुक कसरत और सर्कस प्रबन्धक को करनी पड़ती है। इसमें हिम्मत और साहस बनाये रखने में हम प्रबन्धकों में आत्मविश्वास, चेतना बढ़ाने की दिशा में महाभारत की यह नायिका बड़ा योगदान दे सकती है। यह ऐसी नायिका है जो अपना हर निर्णय और हर कार्य अपनी मर्ज़ी, अपने विवेक और अपनी इच्छा से करती है, किसी दूसरे की अनुमति या इच्छा या ज़रूरत उसे पड़ती नहीं।

बावजूद इन चरित्रगत विशेषताओं के पुरुष-प्रधान व्यवस्था में हमने द्रौपदी को—द्रौपदी नाम के इस आदर्श को स्त्री प्रधानता या मातृसत्ताक व्यवस्था का प्रतीक लगने के कारण ज़्यादा महत्त्व नहीं दिया। यूँ कहिए कि इस चरित्र को हमने, हमारी सामाजिक, आर्थिक, मानसिक, साहित्यिक चेतना से और दुनिया से लगभग निष्कासित किया। दरअसल द्रौपदी उस दौर की समाज-व्यवस्था का प्रतिनिधित्व करती है जब या जिसके पहले अदिति नाम की स्त्री के पुत्र का नाम आदित्य रखा जाता है, दिति के बेटे का नाम दैत्य था, कार्त्तिकेय नाम उसकी माता कृतिका से बना था, दानव की माँ दनु थी, साध्य की साध्या, राधेय की माँ राधा थी, कौन्तेय की कुन्ती थी, सौभद्र की सुभद्रा थी, कालिया की काला थी, वासवा की वसु, कालके की कालका, भानव की भानु इत्यादि-इत्यादि। तात्पर्य

वंश और व्यवस्था स्त्री के हाथ में, स्त्री के माध्यम से और स्त्री के नाम पर चलती थी। प्रबन्धकीय कुशलता स्त्री में पुरुषों की तुलना में बेहतर होने के कारण शायद हमने एक ज़माने में स्त्री-प्रधान व्यवस्था को स्वीकार किया था।

## द्रौपदी का संयम और प्रबन्धन

बेआबरू होने के और बेइज़्ज़त होने के कई प्रसंग द्रौपदी पर आये और उसने अपने बलबूते पर खुद की रक्षा की। आखिर-आखिर की घटना महाभारत में बड़ी मार्मिक है जब प्रतिशोध की आग में झुलसता हुआ अश्वत्थामा रात के अँधेरे में द्रौपदी के पाँचों पुत्रों को काट मारता है, टुकड़े-टुकड़े कर देता है। अपने पुत्रों के शोक में गान्धारी ने कृष्ण को भी शाप दिया था कि तुम्हारा भी वंश नाश होगा। अपने पुत्रों की हत्या द्रौपदी ने संयम के साथ स्वीकार ली है। युद्ध का नियम यही है। प्रबन्धन शास्त्र भी युद्ध की तरह संयम की माँग करता है। प्रबन्धक द्रौपदी के संयम से सीखें।

बहरहाल संक्षेप यह है कि महाभारत में द्रौपदी का कार्य, कुशलता, विज़न, लीडरशिप कई बातें आज के प्रबन्धन शास्त्र के लिए, प्रबन्धन से जुड़े अधिकारियों के लिए, सरकारी और प्राइवेट संस्थाओं के लिए आदर्श हैं। द्रौपदी एक कुशल प्रबन्धक का आदर्श है जिसे पाँचों वर्गों को और हज़ारों की फ़ौज को लक्ष्य प्राप्ति के लिए एक विज़न लेकर मोटिवेट करते रहना है।

द्रौपदी की तुलना हिन्दी भाषाओं के साथ करते हुए यह बात मैंने स्पष्ट करने की कोशिश की थी कि हमारी भाषाओं के चीरहरण में कौरव पक्ष के साथ-साथ पाण्डवों का भी बड़ा हाथ है। बात 1995 के हिन्दी दिवस पर एक कार्यालय में आयोजित कार्यक्रम की है। द्रौपदी की बेइज़्ज़ती का प्रसंग और भारतीय भाषाओं की मौजूदा हालत की तुलना मेरे भाषण में अनायास, स्वाभाविक, सहज रूप से आयी थी।

मेरे इस भाषण को लेकर उपस्थित श्रोताओं ने तीव्र विरोध प्रकट किया। मैंने देखा कि द्रौपदी की बात मंच पर—खुलासेवार छिड़ने से महिलाओं के ही नहीं, सभी श्रोताओं के अन्दर भी आक्रोश और ग्लानि पैदा हुई है। देश की भाषा समस्या को मुझे इस तरह उठाना चाहिए कि साँप भी मरे और लाठी भी सलामत रहे। इस प्रसंग के बाद मुझे कई-कई सवालों-आपत्तियों का सामना करना पड़ा।

महाभारत कथा में इतर चरित्रों के साथ कर्ण की तुलना करते समय अक्सर लगता है कि इन सब में ऊँचाई, तेज़, तप, पराक्रम, शौर्य, नेकी, सिद्धान्त, जीवन-मूल्य और अनुभव के लिहाज़ से कर्ण की महानता कहीं अधिक है। युधिष्ठिर, भीम, अर्जुन, नकुल, सहदेव—पाँचों भाइयों से बड़ा, ऊँचा और श्रेष्ठ होने का गौरव कर्ण को जन्मजात प्राप्त है भी।

कर्ण कुन्ती की अवैध औलाद थी। खेल-खेल में, कच्ची उमर की कुन्ती ने सूर्य को आमंत्रित किया और इच्छा व्यक्त की कि वह उससे सन्तान चाहती है। इस समय कुन्ती उमर में इतनी छोटी थी कि उसे रजोधर्म भी प्राप्त नहीं हुआ था। फिर भी कुन्ती के समक्ष सूर्यदेव उपस्थित हुए। यकायक कुन्ती को रजोदर्शन हुआ। सूर्य के साथ घटित यौन-सम्बन्ध के कारण कुन्ती ने गर्भ धारण किया। इस उमर में, अविवाहित हालत में—खेल-खेल में पैदा सन्तान स्त्री के लिए एक कलंक—उस ज़माने में भी था। कुन्ती ने उस नवजात शिशु को गंगा में बहा दिया। इस प्रकार अपनी करतूत का दाग गंगाजल में धोकर कुन्ती कुँवारी, अविवाहित, अक्षतयोनि बनी रही। पांडु-महाराज पांडु को उसने आखिर तक यही एहसास दिलाया। वह बेदाग, कोरी, साफ, कुँवारी और उज्ज्वल शीलवाली कहलाई गयी अन्त तक। खुद सूर्य देवता उसके कुँवारेपन के समर्थन में कहते हैं कि—कन्ये, अविवाहित कन्या का मतलब और अधिकार है कि वह किसी भी पुरुष या मर्द की इच्छा ही नहीं प्राप्ति भी कर सकती है। उसके इस अधिकार का, आचरण की स्वतन्त्रता का खण्डन कोई नहीं कर सकता। धर्म भी उसके स्वतन्त्र होने पर रोक नहीं लगा सकता। आदिम और सहज स्वाभाविक अवस्था और प्रवृत्ति के अनुसार पुरुष और स्त्री के बीच कोई अवरोध, रुकावट या दीवार नहीं होती। विवाह, परिवार इत्यादि संस्कार—बनावटी, नकली और कृत्रिम हैं। अतः हे युवती, आओ, हम दोनों मिलकर प्रणय-क्रीड़ा के कुछ क्षण अनुभव कर लें।

कर्ण उस माँ की सन्तान है जो किसी तेज़पूर्ण पराक्रमी पुरुष द्वारा फुसलाई-बहलाई गयी। शादी के पहले उसने गर्भ धारण किया और प्रसव के बाद उसने उस अवैध शिशु का त्याग किया। यह सब कुछ जानते हुए भी कुन्ती अपना राज़ कुशलतापूर्वक छिपा गयी। पटरानी बनी रही।

राधा नामक निम्नवर्गीय औरत ने कर्ण को पाला-पोसा, अपना दूध पिलाया, माँ से ही परित्यक्त कर्ण की ज़िन्दगी दुत्कारों, प्रताड़नाओं, विश्वासघातों, आरोपों, लांछनों व शापों का भण्डार है।

चार खेमों—ब्राह्मण, क्षत्रिय, वैश्य, शूद्र, चतुवर्ण में विभाजित व्यवस्था के अनुसार कर्ण शूद्र, सूतपुत्र, राधा का बेटा कहलाया गया। कर्ण यह जानते हुए भी परशुराम के पास धनुर्विद्या सीखने गया। उसने अपने लक्ष्य की प्राप्ति के लिए अपनी जाति जाहिर नहीं की। कर्ण के समर्पण पर, साधना और तप पर प्रसन्न हो कर परशुराम ने उसे अमोघ अस्त्रविद्या सिखायी। दुनिया के महान धनुर्धरों की योग्यता उसने अर्जित की। एक दिन परशुराम ने राज़ जान लिया। स्पष्ट हो गया कि कर्ण निचली जाति का युवक है। क्षुब्ध हो कर परशुराम ने

शाप दिया कि ऐन मौके पर—जब तुम्हें मेरी सिखाई विद्या की ज़रूरत पड़ेगी तब तुम धनुष चलाना भूल जाओगे। निहत्थे हो कर युद्ध-क्षेत्र में मारे जाओगे। मेहनत, तप और अपार कष्ट उठाकर पायी कुशलता, योग्यता और क्षमता पर खुद गुरु ने, परशुराम ने ही प्रश्नचिह्न लगा दिया। जंग-ए-मैदान में जब सामने उपस्थित सेनापति पर एक ही बार—एक ही बाण चलाकर विजय अपनी ओर मुड़ आने वाली हो—ऐसे मौके पर मन और मस्तिष्क में—अब क्या, क्यों और कैसे करना होगा जैसे सवालों के बवंडर उठने लगेंगे। दुश्मन बच निकलेगा। वार कर्ण पर होगा। परशुराम का शाप है।

द्रौपदी स्वयंवर के अवसर पर कर्ण उपस्थित हुआ। दिखाना वह यह चाहता था कि सर्वश्रेष्ठ धनुर्विधा उसके पास है। अर्जुन और दुर्योधन तो उसके सामने बच्चे हैं। मत्स्यवेधन का कार्य अर्जुन ने दोनों हाथ प्रयुक्त करके किया था। कर्ण में कुशलता इतनी है कि सिर्फ एक हाथ से धनुष चलाकर मत्स्यवेधन करेगा।

ज्योंही कर्ण धनुष उठाने लगा, द्रौपदी आपत्ति करने लगी—सूतपुत्र इस धनुष को छू नहीं सकता। वह सूतपुत्र को वरमाला हरगिज़ नहीं पहना सकती। इस आदमी को सामने से हटा दो। राजपुत्रों की कतार में इस अकिंचन के आ जाने से स्वयंवर की गरिमा नष्ट हो रही है।

महाभारत की पृष्ठभूमि और कुरुक्षेत्र में भी महत्त्वपूर्ण भूमिका निभाने वाले भीष्म पितामह ने अलावा कर्ण के पाण्डवों और कौरवों को अपना मानकर प्यार और दुलार दिया, वे कर्ण को हमेशा बद्‌दिमाग, अकड़ू और अहंकारी मानकर हेय नज़रों से देखते रहे। कर्ण ने तंग आ कर भीष्म से अपना मुँह छुपाना, उनके साथ न रहना मुनासिब समझा, दोनों के बीच का टकराव और अनबन दोनों के लिए घातक बन गयी। पाण्डवों ने पहले भीष्म को मैदान से उखाड़ा। फिर कर्ण को नष्ट किया।

उदारता कर्ण की कमज़ोरी बन गयी। जीवन का संरक्षक कवच और एक कशमकश में उलझ जाता है। राधा का मातृत्व वास्तविक नहीं था, स्वाभाविक नहीं था, यह जान लेना कर्ण को तोड़ देने में पर्याप्त था। इस पर उसे यह भी पता चलता है कि कुन्ती उसकी वास्तविक जननी है और पाण्डव उसके अनुज। कर्ण ने इस वास्तविकता को भी पचा लिया कि वह एक कुँवारी स्त्री का पुत्र है। परित्यक्त, नाज़ायज, हीन औलाद।

कर्ण के सामने आँचल फैलाकर उसने—माँ कुन्ती ने याचना की थी। बेटे, वचन दो कि मेरी गोद भरी-की-भरी रहे। तुम पाण्डवों की हत्या नहीं करोगे।

माँ को कर्ण ने आश्वस्त कराया—माँ, तुम पाँचों पुत्रों की माँ हो। वचन देता हूँ कि तुम्हारे पाँचों बेटे युद्ध में सही-सलामत रहेंगे।

लेकिन अर्जुन मेरा शिकार है और मुझे अर्जुन नहीं मिला तो तय है कि युद्ध-भूमि पर तुम्हारे पुत्र के हाथों मुझे वीरगति प्राप्त होगी। तुम पाँच की माँ थीं और पाँच की ही माँ रहोगी। माँ, मैंने वचन दिया। अब तुम लौट जाओ।

आगे आ कर स्वयं भगवान कृष्ण कर्ण को समझाने आये हैं कि भाई, तुम नाज़ायज रूप में ही सही, पर कुन्ती के बेटे और युधिष्ठिर के अग्रज हो। लौट आओ। दुर्योधन का पक्ष छोड़ दो। युद्ध का रुख बदल दो।

नाज़ायज रिश्ते से पैदा औलाद के रूप में अपनी पहचान माँ के अलावा इतर भी जान गये हैं इस बात का अहसास कर्ण को और तोड़ देता है।

इस प्रकार की कई-कई मानसिक दरारों और घावों को लेकर कर्ण सेनापति—कौरव सेना का अधिपति बन कर रणभूमि में उतर आता है। माँ, पिता, भाई, गुरु एक-एक ने उसकी स्मृति, युद्धकला, निर्णय-शक्ति, अस्त्र चालन योग्यता को किसी-न-किसी रूप में कमज़ोर बनाने का प्रयास किया है। कुन्ती ने तो उसे इतना बाँध रखा है कि सामने शत्रु—धर्म, भीम, नकुल, सहदेव आ खड़े हों तो भी कर्ण की प्रत्यंचा तनी की तनी रहेगी, अलावा अर्जुन के किसी अन्य शत्रु पर वह तीर नहीं चलाएगा।

कर्ण को पता है कि अर्जुन की वास्तविक ताक़त उसके सारथी कृष्ण में है। वैसे हर युद्ध में लड़ने वाले सेनापति से ज़्यादा महत्त्वपूर्ण भूमिका मार्गदर्शक, सलाहकार साथी की होती है। बड़ी से बड़ी चुनौती को अच्छे सारथी की मदद से सेनापति आसान बना देते हैं, उनका उत्साह, जोश, तेज़ और शौर्य शत्रुओं में कम्पन पैदा कर देता है।

कर्ण ने सेनापति बनना इस शर्त पर स्वीकार किया कि राजा शल्य युद्ध में सारथी बनेंगे, दुर्योधन ने इस पर शल्यराज से कर्ण का सारथ्य करने का अनुरोध किया, शल्य ने प्रस्ताव अस्वीकार किया। उल्टे दुर्योधन से सवाल किया कि भाई, एक सूतपुत्र का सारथ्य करने का कार्य शल्यराज क्यों करे? आखिर राजा का अपना सम्मान है, हैसियत और श्रेणी है। हीन कुल में पैदा आदमी के साथ रहकर उसका मार्गदर्शन, सारथ्य शल्य नहीं करेंगे।

दुर्योधन के बहुत समझाने पर शल्य ने प्रस्ताव स्वीकारा, साथ में एक शर्त भी जोड़ दी, युद्ध-क्षेत्र में, सारथ्य करते हुए वे सेनापति कर्ण की इज़्ज़त नहीं करेंगे।

शल्यराज ने प्रस्ताव ठुकराया नहीं इसलिए दुर्योधन खुश हुआ। शल्यराज के सारथ्य में युद्ध में विजय हासिल करना आसान है इस पर कर्ण को यकीन हो

गया। शल्यराज बुज़ुर्ग आदमी है। उल्टी-सीधी बातें इस उमर में ज़बान से निकलती रहती हैं। सुन लूँगा। पर शल्य साथ रहे तो लड़ना आसान है।

कुरुक्षेत्र पर चल रहे युद्ध का सोलहवाँ दिन, पन्द्रहवें दिन पाण्डव द्रोणाचार्य को—सेनापति द्रोण को ख़त्म कर चुके हैं। भीष्म की वही हालत हो गयी है। कर्ण युद्ध में जय चाहता है। अर्जुन को हासिल करके। बाकी पाण्डवों के साथ वह लड़ेगा पर उन्हें मारेगा नहीं। सोलहवें दिन शंखनाद के साथ कौरव-पाण्डव सेनाएँ आपस में भिड़ गयी हैं।

कर्ण शल्य को आदेश देता है।

"रथ युद्ध-भूमि पर, अर्जुन जहाँ है वहाँ ले चलो।"

"भाई कर्ण, अर्जुन से भिड़ने का इरादा छोड़ दो। बड़ा पराक्रमी योद्धा है वह।"—शल्य।

"शल्यराज, मेरी ताक़त आप जानते नहीं?"—कर्ण।

"हाँ, जानता हूँ। तुम्हारी ताक़त और तुम्हारा कुल क्या है, मुझे अच्छी तरह पता है। रानी कुन्ती का पुत्र अर्जुन तुम्हें देखते ही धराशायी कर देगा। किसी और को मारने की बात करो।"—शल्य।

"शल्यराज, अनावश्यक बातों में समय न गँवाओ। रथ पाण्डवों की ओर ले चलो।"—कर्ण।

"लगता है आज अंगराज कर्ण महापराक्रमी पाण्डवों के सामने खड़े हो जाएँगे। पर मुझे य़कीन है, अर्जुन को देखते ही कर्ण काँपने लगेगा। सुनो कर्ण, पाण्डवों को देखकर तुम मारे डर के भागने लगोगे।"—शल्य।

"शल्यराज, मैदान पर लड़ने के लिए निकले वीरों को सारथी उत्साहित करते हैं, हतोत्साहित नहीं।"—कर्ण।

"अपने आपको वीर मत कहो कर्ण।"—शल्य।

"आखिर तुम शक़ क्यों करते हो?"—कर्ण।

"कौरवों की जूठन पर पले कौवे हो। अलावा काँव-काँव करने के तुम कर क्या सकोगे।"—शल्य।

"शल्यराज, मैंने गुस्सा न करने की कसम खायी है। इसका तुम ग़लत फायदा उठा रहे हो। तुम्हें इतना नीचे उतरना शोभा नहीं देता।"—कर्ण।

"भाई, सूतपुत्र का सारथ्य ही नीचता हो गयी मेरी। अब उसी स्तर की बातें करूँगा।"—शल्य।

"ठीक है, कहते जाओ। मेरा ध्यान दुश्मन पर है।"—कर्ण।

"कर्ण, तुम्हारे पास कुछ नहीं बचा आत्मविश्वास के और अर्जुन से लड़ने की बात करते हो। लौट चलो।"—शल्य।

"शल्यराज, रथ पाण्डवों तक ले चलो।"–कर्ण।

"सोचने पर लगता है कि अर्जुन के पास सूर्य का तेज़ है। उसके सामने तुम तो अदने जुगनू से प्रतीत होते हो।"–शल्य।

"रथ और तेज़ दौड़ाओ"–कर्ण।

"कर्ण, तुमने अपने कुल और शील का खयाल किया है कभी? अर्जुन के पास शील बेजोड़ है। कुल उसका ऊँचा है। तुम्हारी माँ, बहनें और तुम्हारे देश की स्त्रियाँ।"–शल्य कर्ण के सन्तुलन, आत्मविश्वास और लक्ष्य को विचलित करना चाहता था। माँ, बहन और प्रजा की स्त्रियों का जिक्र कर्ण पर घाव कर गया।

कर्ण ने पूछा–"क्या कहना चाहते हो मेरी माँ, बहन और प्रजा की स्त्रियों के बारे में।"

"कर्ण, सुना है, तुम्हारे देश में औरतों को बेचा जाता है। लड़कियाँ किराये पर मिलती हैं।"–शल्य।

कर्ण नियन्त्रण से बाहर हो गया। हाथ में धनुष बाण है इसका खयाल ढीला पड़ा, शल्य को सम्बोधित करते हुए कहने लगा–

"शल्यराज, मेरी प्रजा में स्त्रियों की स्थिति पर टिप्पणी करते वक़्त तुम भूल रहे हो कि, तुम्हारे देश में पिता, पुत्र, माँ, सास, ससुर, मामा, दामाद, लड़की, भाई, नाती, दास, दासी, आपस में–जी चाहे उसके साथ यौनाचरण का स्वाद लेते हैं।"

"तुम्हारी स्त्रियाँ उत्तेजक हाव-भाव करतो हुई बेहूदे गाने गाती हैं।"

"शल्यराज, तुम्हारे राज में स्त्रियाँ शराब पीकर सरेआम नाचती हैं।"

"प्रजा ही तुम्हारी ऐसी है कि उसमें नीति, वैवाहिक नियम कोई जानता नहीं, जानता है तो परवाह करता नहीं।"

"बड़ा घिनौना लगता है जब तुम्हारे देश की स्त्रियाँ राह किनारे ऊँटों और गधों की तरह उत्सर्ग करना शुरू कर देती हैं।"

"तुम्हारे देश की कन्याएँ, बहुएँ और माँएँ सस्ती हैं, निर्लज्ज हैं। अनाचारी हैं।"

"तुम्हारी प्रजा कुल मिलाकर समस्त मानव जाति पर लांछन है। पुरुष अपनी गुरुपत्नी के साथ।"

कर्ण असन्तुलित, व्यस्त था कि शल्य सारथी ने चीखकर कहा–

"कर्ण, देखों अर्जुन तुम्हारी ओर बिजली की तरह दौड़ रहा है। तुम्हारा लक्ष्य तुम्हारे सामने है।"

शल्य ने बड़ी कुशलता के साथ कर्ण के अहं को, आत्मविश्वास को, सन्तुलन और धीरज को तोड़ रखा था। वैसे देखा जाए तो जिस किसी से कर्ण अधिकार के साथ साहस और सामर्थ्य बटोरने का अधिकार रखता था उन्हीं ने मारक और संरक्षक हथियार, अस्त्र, शस्त्र और मंत्र छीन लिए। माँ कुन्ती, भगवान कृष्ण, गुरु परशुराम, भीष्म–सबने उसकी सामर्थ्य पर या तो प्रश्नचिह्न लगाया या सामर्थ्यहीन बना दिया।

प्रतिकूल स्थितियों में कर्ण की लड़ाई जारी है। इस पर स्वामी और परम मित्र दुर्योधन ने कर्ण पर आरोप किया कि कर्ण समर्पित भाव से लड़ता नहीं है। सेनापति की हैसियत से वह खरा नहीं उतरता। शल्य ने फिर कहा–कर्ण, तुम्हारा शिकार अर्जुन सामने है। तुमने धर्मराज को, नकुल को हाथ से जाने दिया। अर्जुन को गिरा दो रथ से। वरना दुबारा यह घड़ी नहीं आएगी।

इसी मोड़ पर–कुछ अस्त्रों को छोड़ने के बाद कर्ण को विस्मरण सा हुआ। बाण छूटते थे पर बेकार जाते थे। अर्जुन के विनाश की शक्ति धारण करने वाले अश्वसेन की सहायता लेना कर्ण को स्वीकार नहीं था। उसने बाण चलाना जारी रखा।

इतने में कर्ण के रथ का चक्र ज़मीन में धँस गया।

शल्य ने कहा–"इस रथ के दोनों चक्र ज़मीन में धँस गये हैं। इन्हें बाहर निकालो वरना बुरी मौत मारे जाओगे। नीचे उतरो। रथ को ज़मीन से बाहर निकालो। एक जगह अटक जाने पर दुश्मन का काम आसान हो जाता है। जल्दी करो।"

कर्ण रथ से ज़मीन पर उतरा। ज़ोर लगाकर पहिया ज़मीन से निकालने लगा। कुरुक्षेत्र में कौरव-पाण्डव वीर आपस में लड़ रहे हैं, अस्त्र शत्रुओं पर छोड़ रहे हैं। वार झेलने वाले गिर रहे हैं। आखिरी साँस गिन रहे हैं। मारने वाले विजय की आशा, विश्वास और उन्माद में पागल हो कर दूसरे पक्ष पर प्रहार कर रहे हैं। चारों ओर युद्ध के उन्माद में पागल लोग, लाशें, मांस और खून से बना कीचड़, लाशों, कराहों का साम्राज्य है। इस हालत में सेनापति कर्ण बजाय वार करने, धनुष-बाण चलाने, अर्जुन पर टूट पड़ने, बिजली गिराने के रथ के पहिये के साथ उलझ गया है।

जिसे दुबारा प्रयुक्त नहीं किया जा सकता उस अस्त्र को कर्ण अर्जुन पर चलाएगा। कर्ण ने प्रत्यंचा खींची। जोर लगाया। इसी क्षण अर्जुन ने बाण चलाकर कर्ण को घायल किया। कर्ण ने अस्त्र छोड़ा, सही निशाना साधकर, कृष्ण ने रथ को पैर से जोर लगाकर दबाया। कर्ण का अमोघ अस्त्र बेकार गया।

"अर्जुन मैं निहत्था हूँ। रुको। बाण मत चलाओ।"

"हे पार्थ! कुछ अवसर दो मुझे। इस धरती ने मेरे रथ को ग्रस लिया है।"

"वीर निहत्थे पर वार नहीं करते कुन्ती-पुत्र। मुझे अपना भी शस्त्र उठाने दो।"

"अर्जुन, जय तुम्हारी होगी इसका यकीन मुझे है। पर मुझे इस हालत में मत मारो। मुझे रथ ज़मीन से निकालने दो, मैंने दो-दो बार हाथ आये पाण्डवों को जीवनदान दिया है। याद करो।"

पृष्ठभूमि में, अर्जुन के रथ में भगवान कृष्ण बैठे थे। देख रहे थे कि शिकार लगभग हाथ में आ गया है। बोले—"अर्जुन, मौका फिर आने वाला नहीं। तुम निहत्थे कर्ण पर बाण चला दो इसी क्षण, वरना बाद में पछताओगे। कर्ण रथ पर चढ़ने के बाद किसी के हाथ नहीं आने वाला। तुम बाण चलाओ।"

अर्जुन ने बाण चलाकर पहले कर्ण के रथ पर लगी ध्वजा को उखाड़ा। दूसरे ही क्षण महायोद्धा कर्ण का सर धड़ से अलग हो गया। युद्ध आरम्भ होने के बाद सत्रहवें दिन कुरुक्षेत्र पर दुर्योधन ने अपना और एक सर्वोत्तम सेनापति खो दिया। अत्यन्त हीन, लाचार, असहाय, बेबस, निहत्थी हालत में कृष्ण और अर्जुन ने कर्ण को रणभूमि में ख़त्म किया।

कर्ण के चरित्र का विश्लेषण और पात्रों के मुकाबले काफी रोचक, रंजक रहा है। प्रायः हर भारतीय भाषा में कर्ण को लेकर अच्छी-अच्छी कृतियाँ लिखी और सराही गयी हैं।

दुत्कार, संघर्ष, प्रताड़ना, आदर्शप्रियता, ईमानदारी, दोस्ती, अनास्था में अडिग रहने की सामर्थ्य, स्वनिर्मित व्यक्तित्व, युद्ध कुशलता, सहिष्णुता, दानशूरता, त्याग--कई तत्त्व कर्ण के व्यक्तित्व में झिलमिलाते हुए नज़र आते हैं। इसके बाद भी, इस तरह की अजेय हस्ती को अपने सगे-सम्बन्धी और साथी ही एक के बाद एक किस कदर बर्बाद करते हैं, यह कर्ण के जन्म से लेकर वध तक की कहानी स्पष्ट कर देती है।

प्रबन्धन, प्रशासन, राजनीतिक दाँव-पेंच और सामाजिक व्यवहार में श्रेष्ठ व्यक्ति पर जय हासिल करने में हमें उस रास्ते पर चलना होगा जिस रास्ते पर कर्ण को तोड़ने वाले चले थे। ध्यान देने की मुख्य-मुख्य बातें इस प्रकार हैं—

➢ जीवन संघर्ष में, सामाजिक व्यवहार में इन्सान अपनी विजय और दूसरे पक्ष की हार, पराजय के लिए लड़ता है। जय प्राप्त करने के लिए खास मौके पर पूर्णतः निर्मम होना आवश्यक तत्त्व है। ममता, जीत, पारिवारिक सम्बन्ध, अव्यावहारिक मूल्य और आदर्शों में जकड़ा व्यक्ति अनपेक्षित स्थितियों में फँसकर शत्रु के हाथों तबाह हो जाता है।

➢ सबसे असरदार रणनीति यह है कि मैदान में उपस्थित प्रतिपक्ष की कमज़ोरी को बार-बार ज़ाहिर करो। प्रतिपक्ष स्वयमेव टूटने लगता है। गिरने लगता है। आपके सामने, हथियार डालकर घुटने टेक देता है।

➢ माँ कुन्ती अपने पाँच पुत्रों का पहले भला चाहेगी। कर्ण शारीरिक स्तर पर उसका बेटा हो फिर भी ममता उसकी बरसी उसके अनुजों पर। कुन्ती को भी कर्ण के वध का बड़ा श्रेय जाता है। कुन्ती ने वात्सल्य की भावना का हथियार के रूप में प्रयोग किया।

➢ कुल और जन्मदाता समाज का असर व्यक्ति के आचरण व व्यवहार और कार्यक्षेत्र पर अवश्य पड़ता है। इन्सान नीच कुल में उत्पन्न हो कर उच्च स्तर के मूल्यों, आदर्शों और जीवन की ओर लाख तरारें भरे। पर समाज उसे रोक लेता है, उसके पंख काट देता है।

➢ उच्च वर्ग के परशुराम ने कर्ण की योग्यता और निष्ठा को गौण माना। उनकी नज़र में कर्ण का कुल, उसकी जाति खटकती गयी। दी हुई विद्या को, कुशलता को परशुराम ने कर्ण से निर्दय हो कर छीन लिया।

➢ कर्ण की यह मूर्खता थी कि उसने युद्ध के मैदान में पकड़े गये युधिष्ठिर को और नकुल को भी छोड़ दिया। कर्ण इन्हें बन्दी बना लेता या मार डालता तो महाभारत दूसरी दिशा में मुड़ जाता।

➢ भगवान कृष्ण ने भी कर्ण के भ्रम को तोड़ा। अर्जुन की दिशा में चलाए गये कर्ण के आखिरी अस्त्र को चालाकी से ग़लत दिशा में मोड़ दिया। कर्ण निहत्था हो गया।

➢ हद से ज़्यादा आदर्शवादी और दानशूर होना कर्ण की मुख्य कमज़ोरी थी। याचक ने माँगा कवच और कर्ण ने दे डाला। खुद सूर्य देवता ने कर्ण को यह संरक्षक कवच दिया था। ज़ाहिर है, इस भोलेपन की कीमत खुद कर्ण ही को चुकानी पड़ी।

➢ जीवन संघर्ष में आदमी कसौटी के चरम पर खड़ा हो कर स्थितियों पर काबू करने, शत्रुओं को हराने और लड़ाई निर्णायक बिन्दु तक ले जाने की ठान चुका हो—खासकर कोई सेना प्रमुख अपनी सेना के नेतृत्व में इस स्थिति से गुज़र रहा हो तो उसके मनोबल बढ़ाने, कायम रखने का कार्य बहुत मायने रखता है। सेनापति का लक्ष्य शत्रु पक्ष का सेनापति होता है। छोटी बड़ी बातों का, पूरक कार्यों का, फ़ौज संचालन का दायित्व सेनापति के सारथी को सँभालना चाहिए। लड़ाई और विजय के सन्दर्भ में सेनापति या व्यक्ति की जाति, उसका धर्म, उसका परिवार, कोई मायने नहीं रखता। इन बातों का अनचाहा उल्लेख भी बड़े-बड़े सेनानियों को तोड़कर रख देता है। धनुर्धर अर्जुन को इसी अहसास ने युद्ध के आरम्भ में ही कम्पित-विचलित किया था। भगवान कृष्ण ने उसे मैदान छोड़ने से टोका। संघर्षशील रखा। उसमें आत्मसम्मान भर दिया।

➢ शल्य औपचारिक रूप से कर्ण का पक्षधर था लेकिन वास्तविकता थी कि वह पाण्डवों के प्रति अधिक अपनापन रखता था। रणनीति और अनुभव

शल्य के पास उच्चतम कोटि का था। कर्ण ने इसीलिए तमाम शर्तें मंजूर करके भी सारथी के रूप में शल्यराज को चाहा। दुर्योधन से शल्य को माँग लिया। कर्ण की शल्य पर आस्था थी। उसका विश्वास था कि शल्य के रहते उसकी पराजय नहीं होगी।

➢ शल्य बेईमानी करने की ठानकर ही सारथी के पद पर बैठा था। उसने अपने सेनापति के सीने में छेद करने का एक भी मौका छोड़ा नहीं।

➢ शल्य ने कर्ण का तेज़, ओज, शौर्य, संयम, स्मृति, आत्मविश्वास, आस्था सब का एक-एक करके हरण किया। युद्ध में, संघर्ष में आदमी पहले अन्दर से हारता है। उसके आत्मविश्वास के ह्रास के साथ-साथ दुश्मन की ताक़त बढ़ती जाती है। कर्ण मनोबल टूटने से हारा। इतना नीचे उतरकर हारा कि हीन मानसिकता वाले आदमी की तरह गाली-गलौज करने लगा। इस दशा में शत्रु पक्ष पर—अर्जुन पर अस्त्र चलाने का निर्णय और कार्य करने की एकाग्रता वह कहाँ से बटोरता। कोई यह भी कह सकता है कि कर्ण ने निहायत निचले स्तर पर उतरकर शल्य के मुँह लगने की ग़लती क्यों की?

➢ झूठे आत्मसम्मान का बहाना बनाकर कर्ण ने अश्वसेन नाग की सहायता ठुकरा दी। अश्वसेन में अर्जुन को नष्ट करने की सामर्थ्य थी। कर्ण ने यहाँ भी ग़लत रणनीति अपनायी।

➢ दुर्योधन ने कर्ण की नेकी पर शक़ किया। कर्ण आहत हुआ। पितामह भीष्म ने कर्ण की हर बात को अतार्किक, व्यर्थ और अर्थहीन मानकर उसकी सामर्थ्य को हमेशा नकारा, निस्तेज़ किया। द्रौपदी ने तो पहली ही भेंट में उसके कुल-धर्म पर घृणायुक्त शब्द थूके थे।

➢ द्रौपदी की बेइज़्ज़ती, पाण्डवों को लाक्षागृह में जला डालने का प्रयास, भीम पर विष प्रयोग, निहत्थे अभिमन्यु का वध दुर्योधन की हर करतूत के लिए प्रतिपक्ष—स्वयं भगवान कृष्ण तक कर्ण को दोषी मानते गये जबकि इन कुकर्मों से कर्ण का प्रत्यक्ष सरोकार नहीं था।

➢ महाभारत के कथासूत्र में कर्ण का चरित्र हर मोड़ पर अनचाहे रूप में उपस्थित हो जाता है। चारों ओर से सवाल गूँजते हैं कि तुम यहाँ क्यों आये हो। तुम हमारे नहीं, पराये हो, नीच हो, मूढ़ और पतित हो।

➢ कर्ण की सामाजिक पहचान नगण्य है। एक सूतपुत्र। श्रेष्ठ मूल्यों के प्रति आस्था, लगन, योग्यता उसे बार-बार ऊँचे लोगों के बीच उनके सामने ला खड़ा कर देती है। दूसरी ओर उसकी जाति और कुल के कारण हर कदम पर अपमान, लांछन और प्रताड़ना झेलनी पड़ती है। इतने कलंक और दाग लग जाते हैं चेहरे पर कि कर्ण का मूल चेहरा गायब या विकृत हो जाता है।

➢ धर्मराज, श्रीकृष्ण, भीम, द्रौपदी, कुन्ती, भीष्म, गान्धारी, द्रोण—हर चरित्र ने कुरुक्षेत्र पर कब्ज़ा करने के प्रयास में अनीति और झूठ का, दूसरे पक्ष पर लांछन लगाने का थोड़ा-बहुत प्रयास अवश्य किया है। दूसरी ओर कर्ण ने अनीति और झूठ को हमेशा त्याज्य माना—यह जानते हुए भी कि सच्चाई और नीति उसे तबाह, पराजित कर देगी।

➢ एक विशेष सामाजिक स्तर और स्थिति में पैदा होने पर इन्सान की महत्त्वाकांक्षा, लालच और विकास की सीमाएँ स्वाभाविक रूप से अवरुद्ध हो जाती हैं। कर्ण अपने लिए लड़ नहीं रहा था। कोई भाई, माँ-पिता सामने या पीछे नहीं थे जिनके सम्मान की रक्षा के लिए वीर अपना सर कटवा देते हैं।

➢ कर्ण की श्रेणी के इन्सान स्वभावतः नेक और स्वामिनिष्ठ होते हैं। दुर्योधन को, कुन्ती और तमाम अनुजों को जानकर भी अपने नमक की इज़्ज़त वे जान देकर करते हैं। उनकी बदकिस्मती से मार्गदर्शक उन्हें बेईमान मिलते हैं। वे ही उन्हें खंडित, दिग्भ्रमित, विचलित और असन्तुलित करके निस्तेज़ बना देते हैं।

➢ सूर्यपुत्र कर्ण माँ के, द्रौपदी के, पितामह भीष्म और गुरु परशुराम के हाथों कोयला बना। महाभारतकार की दृष्टि हमारे समाज का इतिहास और वर्तमान कितनी बारीकी से चितारती है, यह ध्यान से देखने की चीज़ है। प्रशासक, सेवक, प्रबन्धक-समाज के हर व्यक्ति को कर्ण के चरित्र में सीखने लायक कोई-न-कोई सबक़ अवश्य मिलेगा।

कर्ण और द्रौपदी चेन्नई से मुम्बई जा रहे प्लेन (हवाई जहाज़) में पास-पास बैठे हैं। दोनों आपस में अपने-अपने पक्ष का बयान कर दूसरे को अपने पक्ष में लाने का प्रयास कर रहे हैं। इनकी बातें कैसी होंगी? कल्पना करते हुए लिखिए।

कर्ण—"द्रौपदी, सोचता हूँ अक्सर कि तुम कौरवों के खेमे में होतीं तो महाभारत की दिशा ही बदल देतीं। न तुम्हें वन में भटकना पड़ता.....महलों में रहतीं.....तुम महान स्त्री हो।"

द्रौपदी—

कर्ण—

द्रौपदी—

कर्ण—

द्रौपदी—

कर्ण—

द्रौपदी—

कर्ण—

द्रौपदी—

कर्ण—

# 10. रज़िया सुलताना

मुहम्मद ग़ौरी की गद्दी पर तुर्क गुलाम कुतुबुद्दीन ऐबक़ बैठे। भारत में तुर्कों के शासन कायम करने में ऐबक़ का महत्त्वपूर्ण हाथ है। मुहम्मद ग़ौरी का एक गुलाम यलदूज गज़नी में गद्दी पर बैठा था। गज़नी की सल्तनत का मुख्य होने के नाते वह दिल्ली सल्तनत पर भी नियन्त्रण चाह रहा था। लाहौर से शासन कर रहे ऐबक़ ने यह होने नहीं दिया। अपनी सल्तनत का सम्बन्ध गज़नी से तोड़ दिया। इससे हुआ यह कि वह मध्य एशिया की कबीला प्रणाली की राजनीति से, उथल-पुथल से अलग हो कर अपनी अलग शासन-प्रणाली और दिशा तय कर सका, विकसित कर सका।

कुतुबुद्दीन ऐबक़ पोलो खेलते-खेलते घोड़े से गिरा और मर गया। सल्तनत को उसके दामाद इल्तुतमिश ने सँभाला। अपना स्थान मज़बूत बनाने के लिए ऐबक़ के बेग़ों से लड़ाई की। पिता का उत्तराधिकारी दामाद हो गया, पुत्र नहीं।

भारतीय इतिहास का एक मज़बूत और महान महिला चरित्र इसी इल्तुतमिश की बेटी थी। इल्तुतमिश के कई बेटे थे पर सल्तनत उसने रज़िया के हाथों दी। हमारे राजनीतिक इतिहास का यह अभूतपूर्व और साहसी प्रयोग था।

रज़िया का तख़्त पर बैठना इतिहासकारों की नज़र में समस्या बना हुआ है। उत्तराधिकारी बेटे लायक नहीं हैं इस निष्कर्ष पर पहुँचने के लिए पर्याप्त प्रमाण जुटाना मुश्किल है। कुछ इतिहासकार मानते हैं कि कठिन हालात और चुनौतियों को देखकर लम्बे विचार और चिन्ता के परिणामस्वरूप ही इल्तुतमिश ने अपनी सल्तनत की बागडोर बेटी रज़िया के हाथों में दी थी।

ऐसे में अनुमान यही लगाया जा सकता है कि रज़िया अपने भाइयों की तुलना में तख़्त चलाने की बेहतर क्षमता रखती थी। इल्तुतमिश का फैसला सही था। तुर्क सरदार इल्तुतमिश के निर्णय से नाराज़ हो गये। सिंहासन पर औरत का बैठ जाना, बैठी हुई देखना रस्म से, रिवाज़ से, परम्परा और उसूल से परे था। महिला के नियन्त्रण में काम करना इन सरदारों को मंजूर नहीं था।

इल्तुतमिश की मृत्यु के बाद इन रुष्ट सरदारों ने इल्तुतमिश के बेटे रुक्नुद्दीन फिरोज़ शाह को सुल्तान घोषित किया लेकिन फिरोज़ शाह इल्तुतमिश सल्तनत की प्रशासनिक गुत्थियों को सुलझाने, मुश्किलों से टकराने का जिम्मा अपनी माँ तुरकान शाह पर सौंपकर आशिकी करने में डूब गया। अफ़ीम जमकर पी जाने लगी। अफ़ीम का असर उतरा तो शराब पी। आशिकी, शराब और अफ़ीम से नशा नहीं चढ़ा तो हाथी पर सवार हो कर दिल्ली की गलियों में अशर्फियाँ बिखेरने-बाँटने का काम वह करता। माँ तुरकान ने भी अपने गुज़रे ज़माने में बेग़म बनने के पहले उसके साथ जो गुज़री थी, उसका बदला लेना शुरू किया। माँ तुरकान बेग़म और पुत्र शाह रुक्नुद्दीन की करतूतों के ख़िलाफ़ हंगामा खड़ा हुआ। परिणामस्वरूप दोनों को मौत के घाट उतारा गया। माँ-बेटे की सल्तनत की कुल अवधि थी–छह माह सात दिन।

कुछ आधुनिक लेखकों ने तर्क दिया है कि रज़िया ने अपने समर्थन में माँ-भाई को लेकर किस्सा रचा और प्रचारित किया। अपना दावा मनवाने के लिए रज़िया को अपने परिवार से टकराना पड़ा। शक्तिशाली अमीरों ने उसका जमकर विरोध किया। वह अपना पक्ष उन्हें समझाती, मनवाती रही। लेकिन अमीर-उलमाओं ने रज़िया को आखिर तक त्रस्त रखा।

रज़िया कुल मिलाकर तीन साल तक–1236 ई.स. से 1239 ई.स. तक शासन कर सकी। इस संक्षिप्त शासन-काल में सल्तनत में आ रहे आन्तरिक उभारों और अन्तर्विरोधों का, उबाल का सामना उसने लगातार किया। एक औरत के नियन्त्रण में चल रहे शासन को सहना, मानना तुर्क सरदारों को गवारा न था। इससे आपसी सत्ता-संघर्ष ज़ोर पकड़ता गया। इस संघर्ष को इतिहास में 'चहल गानी' साजिश के नाम से जाना जाता है।

इल्तुतमिश ने अपने सरदारों को बड़ी इज़्ज़त और महत्त्व दिया था। उसकी मृत्यु के बाद से नशाबाज़ सरदार अपने मनचाहे पुतले को सुल्तान बनाना चाहते थे, जो उनकी हाँ में हाँ मिलाकर उनकी हरक़तों को रोके नहीं, चलने दे।

रज़िया स्त्री थी और कठोर, पक्की प्रशासक थी। अमीर सरदारों के चोंचले और हरक़तें उसे मंजूर न थीं। ऐश, आराम और मस्त ज़िन्दगी के अभ्यस्त अमीरों का जीना दूभर हो गया।

रज़िया ने अपने पिता के विश्वास को, भरोसे को न्याय देने की, सही ठहराने की पूरी कोशिश की। वह बड़ी कठोर प्रशासक और कमाल की खूबसूरत स्त्री थी। पूरा प्रशासन अपने हाथ में लेकर अमीरों पर नियन्त्रण रखना उसने आवश्यक समझा और उस दृष्टि से कदम उठाये।

बेग़म रज़िया को दिल्ली की प्रजा से भरपूर प्यार मिला। ऐसा ज़रूरी भी था क्योंकि अमीर छोटी-छोटी बात को लेकर उसके ख़िलाफ़ सवाल उठा रहे थे। उन तमाम शक्तिशाली अमीर सरदारों को बड़ी कुशलता के साथ वह काबू में रख

पायी। राजनीतिक चालें और दाँवपेंच उसने ऐसे चलाये कि ताक़तवर और अमीर आपस में भिड़े। अपने सबसे ताक़तवर विरोधी वज़ीर मुहम्मद जुनैदी को रज़िया ने इस तरह मात दी कि सल्तनत और राजनीति को उसने हमेशा-हमेशा के लिए अलविदा कहा। वज़ीर को परास्त करने के बाद बाकी अमीरों में से अधिकांश को भी उसने या तो परास्त किया या अपने पक्ष में ले लिया।

अलंकार और स्त्रीत्व के परिधान ओढ़कर प्रशासन—हुक़ूमत चलाना सम्भव नहीं होता। उसने स्त्रीत्व का परम्परागत वेश त्यागकर बुर्का डाले बिना दरबार में आने का साहस दिखाया। कुशल और सफल सेनापाति के रूप में उसकी पहचान हुई। जब लड़ाई न हो तो फुर्सत के वक़्त वह शिकार पर जाती थी।

वज़ीर निज़ाम-उल-मुल्क जुनैदी ने जमकर रज़िया का तख़्ता पलटने का विरोध किया। अमीरों को उसके ख़िलाफ़ भड़काया था पर रज़िया तो सब अमीरों व वज़ीरों पर भारी पड़ी। वज़ीर हारा। अमीर हारे। सब भागकर खड़े हुए। इसी क्रम में रज़िया ने राजपूतों के रणथम्भौर पर एक अभियान चलाया। अपने पूरे राज्य में सुरक्षा और कानून व्यवस्थित करने का प्रयास किया और इस दिशा में उल्लेखनीय सफलता पायी।

इस पृष्ठभूमि में निष्कर्षतः अक्सर यही लगता है कि रज़िया का राज़ दिल्ली सल्तनत की खुशहाली और सफलतम राज़ होता, वह विशाल साम्राज्य की सुलताना बनकर रह जाती।

फिर सुलताना रज़िया के जीवन में एक नया मोड़ आ जाता है—प्यार की कहानी का।

अमीरों ने रज़िया के इस प्यार को हथियार के रूप में प्रयुक्त किया।

—प्रेमी का नाम था **'याकूब'**।

—परदेशी था। एबीसीनिया से आया हुआ।

—अमीर था याकूब। रज़िया ने उसे अपने अस्तबल का प्रभारी नियुक्त किया।

—घोड़े पर सवार होने और घोड़े से उतरने के वक़्त अस्तबल प्रभारी की मदद लेनी पड़ती थी।

चर्चे होने लगे, बातें चलीं, अफवाहें उड़ीं। गन्दे-गन्दे मज़ाक किये जाने लगे। अमीरों ने इशारा कर-कर बताना शुरू किया कि घोड़े पर बिठाना और घोड़े से उतारना एक बहाना है।

याकूब उसकी काँखों, बगल में यों-यों हाथ डालता है और उठाता है..... उतरते वक़्त भी कसकर पकड़ता है।

सम्बन्ध ऐसे अंतरंग होते हैं पर आगे जाकर प्रकट होते ही हैं। छिपाने का प्रयास करें या न करें, बात जाहिर हो जाती है। खैर, खून, खाँसी, खुशी, बैर, प्रीति

और मद्यपान कोशिश के बावजूद छिप नहीं पाता—सरेआम खुल जाता है। कोने में-घने अँधेरे में छिपकर भी खाएँ, लहसुन की गन्ध सामने वाले पर खुल ही जाती है। सुलताना और याकूब को लेकर दिल्ली की दीवारें कानाफूसी करने लगीं।

लाहौर में और सरहिन्द में रज़िया सुलताना के ख़िलाफ़ बग़ावत हुई। फ़ौज लेकर वह लाहौर पर टूट पड़ी। युद्ध-कला में वह निष्णात थी। बग़ावतख़ोर सूबेदार को हराया, अपनी शर्तें मनवाकर झुकाया उसे।

भटिंडा के सूबेदार मलिक इख़्तियारउद्दीन अल्तुनिया रज़िया को लेकर दिल में जला हुआ था। बात यह थी कि बचपन में अल्तुनिया और रज़िया एक ही गली में खेले थे। अल्तुनिया को वह भायी थी। उसने अपनी तरफ़ से उस पर दिल कुर्बान किया था। रज़िया मानी नहीं थी, प्यार के इनकार का जख़्म भरा नहीं था। मलिक अल्तुनिया ने उसकी सल्तनत को ही चुनौती दी। किसी की ज़िन्दगी में प्यार को लेकर कैसे भयानक मोड़ आते हैं। सरहिन्द अभियान के दौरान याकूब का कत्ल हुआ। रज़िया को क़ैद किया।

कातिल याकूब का अल्तुनिया है। जानकर भी क़ैद में बन्द रज़िया कुछ कर नहीं पायी। दुश्मनी और प्यार से ऊपर राजधर्म होता है। ऐसा मानकर उसने अपने प्रेमी का कत्ल और उसे क़ैद करने वाले विद्रोही अल्तुनिया से कहा—अब मैं तुम्हें चाहती हूँ। रज़िया के रूप में अल्तुनिया को दिल्ली सल्तनत से भी बड़ा खज़ाना मिला। मज़बूरी में ही सही, रज़िया मिली। प्रस्ताव स्वीकार लिया। रज़िया अल्तुनिया मलिक की बेग़म बनी।

सरहिन्द में चल रहे इस हंगामे का लाभ उठाकर इधर दिल्ली में अमीरों ने तख़्त पर रज़िया के भाई बहराम को बिठाया।

भाई बहराम द्वारा हथियाये गये तख़्त को वापस लेने नवविवाहित रज़िया पति अल्तुनिया के साथ दिल्ली की ओर लौटी। बीच रास्ते में रज़िया बहादुरी से लड़ी पर भाई के हाथों हार गयी। तारीख़ पराजय की थी—13 अक्तूबर, 1240।

इस प्रजाहित दक्ष महान सुलताना स्त्री को कार्यकाल सिर्फ तीन साल का मिला। इस्लामी परम्परा में किसी महिला के बारे में दिखाई गयी इस क्रान्तिकारी प्रगतिशीलता का भारतीय इतिहास ने रूमानी अन्दाज़ में ही सही—गौरव ही किया है। सुलताना रज़िया हमारे राष्ट्रीय चरित्र का एक बेशकीमती पन्ना है।

भाई बहराम के हमले से बचकर दोनों भागते-भागते एक किसान के घर में शरण ले बैठे।

उस किसान ने उदारता और प्यार दिखाकर उन्हें खाना खिलाया। रात दोनों—रज़िया और अल्तुनिया थककर सोये हुए थे। पनाह देने वाले किसान ने दोनों का सिर काट दिया। तारीख 14 अक्तूबर, 1240 को इस जोड़े का कत्ल किया गया।

# 11. चाँदबीबी

चाँदबीबी अहमदनगर के पहले निज़ाम शाह हुसैन की बेटी और भाई सुलतान बुरहान-उल-मुल्क की बहन थी। विवाह-सम्बन्ध के ज़रिये राजनीतिक एकात्मता और सामर्थ्य बढ़ाने के तत्कालीन रिवाज़ के अनुसार चाँदबीबी का विवाह बीजापुर के आदिलशाह प्रथम के साथ हुआ था। इसी आदिलशाह ने बीजापुर शहर की पूरब दिशा में बेग़म चाँद के लिए एक खूबसूरत झील बनवायी। नाम रखा—चाँद बावड़ी। अली आदिलशाह के पिता इब्राहिम आदिलशाह ने सल्तनत को अलग-अलग पन्थों के सरदारों में—शिया, सुन्नी, हब्शियों के बीच बाँट रखा था। अली आदिलशाह का झुकाव शिया पंथियों की ओर ज़्यादा था। 1580 में आदिलशाह की मृत्यु के बाद शिया सरदारों ने उसके नौ साल की उम्र के भतीजे को बीजापुर तख़्त पर बिठाया।

दक्खनी सूबेदार कमाल खान ने इसी बीच सत्ता हथियायी और चाँदबीबी को एक तरह से चुनौती दी। चाँदबीबी की नज़र में यह एक राजद्रोह था। हाज़ी किश्वर खान नामक सरदार की सहायता लेकर चाँदबीबी ने कमाल खान को घेरा, पकड़ा और मौत के घाट उतार दिया।

इसी क्रम में किश्वर खान भी सत्ता में आ गया। अब उस्मानाबाद नाम से जाने जानेवाले तत्कालीन शहर धाराशीव के पास अहमदनगर के सुलतान को परास्त किया और फ़ौज को भी लूटा। बीजापुर सेना ने लूट में पायी सम्पत्ति—हाथी आदि लौटाने का हुक्म दिया। हाथियों को इस तरह से हाथ से गँवाना बीजापुर फ़ौज को मंजूर नहीं था। सेनापतियों ने चाँदबीबी की सहायता लेकर और बंकापुर के सरदार मुस्तफा खान के नेतृत्व में किश्वर खान का ख़ात्मा करने की योजना बना ली। किश्वर खान के गुप्तचरों ने इस सूचना को अपने मालिक तक पहुँचाया। परिणामतः मुस्तफा खान को कैद कर मौत के घाट उतार दिया गया।

किश्वर खान के इस कृत्य का चाँदबीबी ने विरोध किया। जवाब में खान ने चाँदबीबी को सातारा किले में कैद कर लिया।

चाँदबीबी को दूर सातारा में रख किश्वर खान ने तख़्त तक आने की कोशिश की, पर नाकाम रहा। उसके हथकण्डों और क्रूरता से सैनिक परेशान थे। इख़्लियास खान, हमीदखान और दिलावर खान की संयुक्त फ़ौज का हमला देखकर किश्वर खान भाग गया। अहमदनगर में भी उसे ठाँव नहीं मिला। भागा-भागा गोलकुंडा पहुँचा और मुस्तफा ख़ान के रिश्तेदारों के हाथों मारा गया। नाबालिग इब्राहिम आदिलशाह 2 के नाम पर प्रशासन करने के लिए चाँदबीबी के नाम की घोषणा हुई। इसी बीच इख़्लियास खान ने भी अपने आपको इब्राहिम आदिलशाह 2 का संरक्षक-प्रशासक घोषित किया जो चाँदबीबी को मंजूर नहीं था। चाँदबीबी ने उसकी घोषणा को खारिज़ कर दिया। इसके बाद इख़्लियास खान ने अपनी मनमानी जारी रखी। हब्शी सरदारों ने इसका कसकर विरोध किया।

हंगामों में घिरे बीजापुर के उक्त हालात देखकर अहमदनगर के निज़ाम ने गोलकुंडा के शाह के साथ संयुक्त मोर्चा बनाकर बीजापुर पर कब्ज़ा करने की योजना बनायी। इस संयुक्त मोर्चे का मुकाबला अकेले बीजापुर की फ़ौज नहीं कर पायी। हब्शी सरदारों ने कुबूल किया कि बीजापुर की इज़्ज़त बचा पाना अब उनके बस में नहीं। उन्होंने अपनी पदवियाँ-सरदारी चाँदबीबी को लौटा दीं।

ऐसे नाज़ुक हालात में वज़ीर अबु अल हसन ने चाँदबीबी की सलाह पर मराठा फ़ौज की सहायता माँगी। इस आमन्त्रण के आधार पर मराठों ने इख़्लियास खान की रसद-सप्लाई लाइन तोड़ दी। चाँदबीबी और मराठा सरदार की संयुक्त फ़ौज ने इख़्लियास खान और गोलकुंडा की संयुक्त फ़ौज को भगा दिया। इसके बाद इख़्लियास खान ने पलटकर बीजापुर पाने के लिए दिलावर खान पर हमला किया। बहरहाल, दिलावर की फतेह हुई और 1582 में उसने अपने आप को नाबालिग इब्राहिम आदिलशाह 2 का संरक्षक (रिजेंट) घोषित किया। हालात सामान्य और सन्तुलित बनाकर चाँदबीबी अहमदनगर लौटी।

लगभग यही दौर था जब सम्राट-मुग़ल बादशाह अकबर ने अपनी प्रभुसत्ता का दक्षिण पर भी दावा किया। मंशा यह थी कि राजपूतों की तर्ज़ पर दक्खन भी उसकी सत्ता और अधीनता मान ले। कई दूतों और प्रतिनिधियों को अकबर ने इस आशय के प्रस्ताव लेकर भेजे लेकिन किसी ने माना नहीं। अकबर

बादशाह की भारत भर में तूती बोलती थी पर दक्खन भी अपने आप को कम नहीं नापता था। खानदेश चूँकि मुग़ल सीमा से सटा था, अकबर के प्रस्ताव को इनकार नहीं कर सका। बाकियों ने कोई जवाब नहीं दिया। अहमदनगर में तो बादशाह अकबर के दूतों के साथ बुरा व्यवहार तक किया गया। मतलब इसका अकबर बादशाह की अधिसत्ता को अहमदनगर ने खुलेआम ललकारा।

1595 ई. में कुरान निज़ाम शाह की मृत्यु हुई। नगर में सरदारों के बीच झगड़ा शुरू हुआ। तख़्त के लिए कई दावेदार थे। इन दावेदारों के समर्थकों के बीच का संघर्ष किसी के काबू में नहीं आ रहा था। तख़्त के दावेदारों में पहला दावा बुरहान निज़ामशाह के बेटे बहादुर शाह का था। बीजापुर के आदिल शाह द्वितीय का समर्थन भी बहादुर शाह के पक्ष में था। चाँदबीबी बुरहान की बहन थी और बीजापुर की विधवा, इब्राहिम आदिल शाह नाबालिग के नाम पर बीजापुर का तख़्त उसने अपनी प्रशासकीय कुशलता के साथ सँभाला था। भाई बुरहान की मृत्यु पर मातम में वह मायके अहमदनगर आयी थी और भतीजे बहादुर के नाबालिग होने के कारण उसके संरक्षण के लिए अहमदनगर में ही रुकी। ऐसी स्थिति में विरोधी गुटों ने मुग़ल फ़ौजों को अहमदनगर पर चढ़ आने का न्यौता दिया। शहंशाह अकबर को अच्छा मौका मिला।

अकबर बाहशाह की अहमदनगर मुहिम का संचालक उसका बेटा और गुजरात का सूबेदार मुराद था। साथ में सेनानी अब्दुर रहीम-खान-ए-खाना भी था। खानदेश का समर्थन मिला। अमीरों में चल रही आपसी छीना-झपटी के कारण मुग़ल फ़ौज को अहमदनगर तक आने में कोई अवरोध नहीं आया।

सम्राट अकबर की फ़ौज का ख़तरा भाँपकर चाँदबीबी कुमार बहादुर शाह को लेकर अहमदनगर किले में सुरक्षित जा बैठी। मुग़लों ने उसे महीनों तक घेरे रखा। चाँदबीबी की बहादुरी से चकित मुग़लों ने सुलह सन्धि कर ली। तय हुआ कि बहादुर शाह के तख़्तसीन होने में मुग़लों को कोई आपत्ति नहीं होगी। एवज़ में मुग़लों को व-हाड (वरार) का मुल्क दिया जायेगा। मुग़लों की सत्ता और अधिराजी अहमदनगर ने भी स्वीकार की।

चाँदबीबी-मुग़लों के बीच हुई इस सन्धि से दक्खन में तहलका मचा। स्ट्रेटेजिक दृष्टि से मुग़लों का व-हाड तक आना या बस जाना दक्खन के लिए स्थायी संकट था। यहाँ से मुग़ल जी चाहे तब और जितने पैर फैला सकते थे। ऐसी स्थिति में अहमनदगर का साथ देने के लिए एक संयुक्त मोर्चा बना। मुग़लों के साथ संघर्ष और व-हाड में उनके डेरे पर मुश्किलें पैदा करने की

कोशिश की जाने लगीं। बीजापुर-गोलकुंडा और अहमदनगर के संयुक्त मोर्चे ने व-हाड पर धावा बोला। लेकिन वह संयुक्त मोर्चा मुग़लों के सामने हार गया। बात 1597 की है।

पराजय के बाद गोलकुंडा और बीजापुर वालों ने मोर्चे की भागीदारी और सहयोग वापस लिया। चाँदबीबी अकेली पड़ गयी। चाँदबीबी सन्धि और सुलह चाहती थी। पर उसके सरदारों ने बात मानी नहीं। उन्होंने व-हाड में मुग़लों पर हमले जारी रखे। तंग आ कर मुग़लों ने अहमदनगर को फिर एक बार घेर लिया। विकट अवस्था देखकर चाँदबीबी ने मुग़लों से वार्ता शुरू की, विरोधियों ने इस पर चाँदबीबी पर गद्दारी का आरोप मढ़ा।

इस प्रकार चाँदबीबी का पूरा जीवन हार कर भी अवरोधों को पार करने की और ज़िन्दादिली की रोमांचक कहानी है। तत्कालीन सर्व शक्तिमान साम्राज्य–मुग़ल सम्राट की फ़ौज के साथ वह भिड़ती रही–कभी अकेली तो कभी संयुक्त मोर्चे के साथ, उसी के कार्यकाल में सूखा पड़ा। फ़ौज को खाने तक के लाले पड़े।

अकबर की फ़ौज हारी नहीं पर बुरी तरह थककर चूर हो गयी। लौट गयी। खानखाना रहीम को अकबर ने वापस बुलाया। मुराद की लौटते वक़्त रास्ते में मौत हो गयी।

अकबर ने इसके बाद दूसरा अभियान अहमदनगर पर चलाया। इधर नवनियुक्त निहंग खान ने चाँदबीबी को खुले आम चुनौती दी। बरसात के दिन थे, खानखाना रहीम नहीं था तो उसने बीड पर कब्ज़ा किया। अकबर ने 1599 में अपने पुत्र दानियल को और मिर्ज़ा युसुफ़ खान तथा खानखाना रहीम को इस अभियान का अगुआ बनाया। मुग़ल फ़ौज बजाय निहंग खान से लड़ने, अहमदनगर पर चढ़ आयी।

अपने किले की रक्षा में चाँदबीबी फिर इस बार जान हथेली पर लेकर लड़ी। लेकिन अपने ही सरदारों के आपसी झगड़ों ने उसके सामर्थ्य को घटा दिया था। दानियल के साथ मज़बूर हो कर सन्धि करने का निर्णय उसने लिया। बात का बतंगड़ बनाकर सूबेदार हमीद खान ने चाँदबीबी पर बेवफ़ाई का इल्ज़ाम लगाया। उसके महल में स्थित एक सेवक हिजड़े ने तड़का दे-देकर डुंडी दी कि चाँदबीबी ने मुल्क का सत्यानाश किया। अजीब बात है।

चाँदबीबी को उसकी अपनी प्रजा के एक जुलूस ने सरेआम मार डाला। उसके कर्तृत्व, चरित्र और बलिदान को भारतीय इतिहास ने लगभग बेरहमी के साथ भुला दिया।

मौत उसे दुश्मनों के हाथ आती तो भला होता।

तुलना करिए

| क्र. रज़िया सुलताना | चाँदबीबी | रानी लक्ष्मीबाई |
|---|---|---|
| 1. | | |
| 2. | | |
| 3. | | |
| 4. | | |
| 5. | | |
| 6. | | |
| 7. | | |
| 8. | | |
| 9. | | |
| 10. मृत्यु अपने प्रजानन के हाथों | मृत्यु विद्रोही और उन्मादित अपनी जनता की भीड़ से | मृत्यु दुश्मन के हाथों जंग में |

# 12. सबक़-ए-टायटेनिक

(1)

1907 की एक रात।

व्हाइट स्टार पर्यटन कम्पनी के प्रबन्ध निदेशक जे. ब्रुस इसमई श्री पीरे साहब के घर के मेहमान थे। उस ज़माने की ख्यातनाम पोत निर्माण कम्पनी 'बेलफास्ट शिप बिल्डर्स हार्लेडं एंड वुल्फ़' के महत्त्वपूर्ण सलाहकार के रूप में पीरे साहब जाने जाते थे।

दोनों खाना खा चुके थे। टेबल पर रखी कॉफी के घूँट और उँगलियों में रखी सिगारों का मजा लेते-लेते समुद्री पर्यटन व्यवसाय की दुनिया में क्रांतिकारक बदलाव लाने की बात हो रही थी।

"मैं पूरे अटलांटिक पर सवार होना चाहता हूँ"—इसमई।

"मार्केट की अपनी एक गति होती है, नीति होती है। दुनिया पर पूरा कब्ज़ा ज़माने से फ़ायदा कम, खराबी ज़्यादा होती है।"—पीरे।

"पर जहाज़ मैं ऐसे-ऐसे बनाना चाहता हूँ कि उनमें सवार होने का सपना हर सम्राट के दिल में हो। हर ज़बान पर चर्चे हों कि इसमई ने लहरों पर झूमने वाला स्वर्ग बनाया है.....वाह.....इसमई.....वाह....."

"इसमई साहब, सागर की ऊँचाई, लम्बाई, चौड़ाई, गहराई—सब चीजों का नाप लेकर बेहतरीन तरण क्षमता के पोत बनाने का कसब मुझमें है। कइयों में होता है, पर आदमी के दिल में जो सपने पैदा होते हैं, जो महत्त्वाकांक्षाएँ जन्म लेती हैं तो उनका नाप लेना मुमकिन नहीं। महत्त्वाकांक्षाएँ जहाँ उगती हैं, उस मन की थाह नहीं होती, किनारा नहीं होता, छोर नहीं होता, पार नहीं होता, कुछ प्रेक्टिकल बात करो।" पीरे ने व्यावसायिक मशविरा दिया।

फिर दोनों एकमत हो गये कि तीन जहाज़ों का निर्माण किया जायेगा। बनाये गये जहाज़ 22 नॉट् औसत गति के होंगे। क्षमता हर एक जहाज़ की 45,000 सकल टन होगी। दूर से देखने से लगेगा कि समुद्र में झिलमिल-झिलमिल

सितारों-परियों की फ़ौज सैर करने आयी है। इन परियों के लिए तैरने की लम्बी चौड़ी झील इसमें होगी। जिन्हें खुले में नहाना पसन्द नहीं उन्हें टर्किश बाथ की सुविधा मुहैया होगी। खान-पान कक्ष चौबीसों घण्टे खुला होगा। इसकी क्षमता पाँच सौ ग्राहकों को एक ही समय सेवा देने की होगी। पर्यटक-यात्री अपनी हर पसन्द और सनक, ज़रूरत यहाँ पूरी करेंगे।

इसमई साहब के सपनों के ये तीनों महल दरअसल इतने बड़े थे कि उन्हें बसाने और टिकाने के लिए पर्याप्त बर्थ मौजूद नहीं थी।

न्यूयॉर्क पोर्ट ने शुरू में ही कह डाला कि इतने बड़े जहाज़ को समा लेने, पनाह देने की क्षमता उनके बर्थ में नहीं है। वे अपने लिए कहीं और इन्तज़ाम कर लें।

फिर कहीं जाकर बोस्टन बन्दरगाह ने कहा कि वे इसमई साहब के जहाज़ों के लिए बर्थ सुविधा देने की व्यवस्था कर लेंगे। यात्रियों के आवागमन का स्थान ब्रिटेन में साउथम्पटन होगा। अतः साउथम्पटन पोर्ट के कारीगरों और अफसरों की पूरी फ़ौज अपने बर्थ को चौड़ा करने के लिए दौड़ पड़ी। इसमई का पैंतालिस हज़ार टन का सपना यहाँ खड़ा करना था।

व्हाइट स्टार कम्पनी के प्रबन्ध निदेशक इसमई साहब का पहला महा-सपना—ऑलिंपिक नाम से 1909 में जलावतरित हुआ। ऑलिंपिक के कप्तान के रूप में कम्पनी ने अत्यन्त निपुण और अनुभवी एडवर्ड जे. स्मिथ को तैनात किया। ऑलिंपिक के साथ ही टायटेनिक नाम से दूसरा सपना भी पूरा करने की दौड़ जारी थी।

ऑलिंपिक ने पैदा और पूरा होते-होते नाम, तारीफ़ और वाह-वाही काफ़ी जमायी थी।

इसकी तरण क्षमता, वहन योग्यता, आरामदेयता और लहरों-तूफानों-आँधियों से खेल कर भी किनारे पर सुरक्षित आने की ताकत निर्विवाद थी। किसी के शक़ करने पर कहा जाता कि वह बुद्धू है या छोटी हिम्मत और किस्मत वाला है जो स्वादिष्ट ताज़ा अंगूरों को भी खट्टा कहकर बदनाम करने की कोशिश करता है।

इस जहाज़ में सभी कमरे जलावरोधक (वॉटरटाइट) थे। दरवाज़े खोलने, बन्द करने का काम बिजली के बटन दबाकर ही हो सकता था।

ऐसी-वैसी बात हो तब भी इसके डूबने की आशंका नहीं थी, एक-दो कमरे किसी कारण खराब हों या उनमें समुद्र का पानी भर जाय तब भी अपनी रचना के कारण इसके लहरों, तूफानों से हारकर डूबने की सम्भावना किसी के मन में आयी नहीं।

दो जहाज़ों के आपस में टकराने से ही जहाज़ के डूबने की नौबत प्रायः आती है। ऐसी घटना में आमतौर पर किसी जहाज़ के एक या दो कमरों को

क्षति पहुँचेगी, छेद होगा या दुर्घटना के कारण पड़े छेदों में से दोनों कमरों में एकाएक पानी बढ़ आयेगा। ऐसी घटना हो, दो-दो कमरों में एकाएक समुद्री पानी बढ़कर घुसे तो भी देखने वाले विश्वास करते कि ऑलिंपिक का कुछ नहीं बिगड़ेगा। वह समुद्र पर तैरता रहेगा।

उस ज़माने में आम जहाज़ों पर लगने वाले इंज़िनों की जगह पर तिगुनी क्षमता के इंज़िन इस जहाज़ पर थे। बॉयलर कमरे छह थे और इनमें रखे उनतीस बॉयलरों में बनी भाप की ताक़त तीनों इंजिनों को चमत्कार पैदा करने वाली गति देगी, ऐसा यकीन हो जाता।

जलावतरण का पहला सफ़र ऑलिंपिक ने वैसे मजे से, आराम से काटा। इसमई महोदय काफी खुश थे। यह बात ज़रूर थी कि मुसाफ़िरों की भीड़ इसमें अपेक्षा से कम थी। अटलांटिक समुद्र के तट पर चर्चे बेशक थे कि ऑलिंपिक नामक यह समुद्री महल क्या चीज़ है। वहाँ सन्तोष कितना है, आराम ही आराम है, विस्तार है, सुरक्षा भी है, जो आज देखने को नहीं मिलती। इस जहाज़ के अन्दर मुसाफ़िरों को बहलाने के लिए बनवाये गये खेल-खिलौने, रॉकेट कोर्ट, व्यायामशाला, स्नानगृह और तैरने के लिए तालाब, किस्म-किस्म की जीवनशैली और रुचि के अनुसार बनाये गये शयन-कक्ष और इन सबकी निगरानी में लगा हुआ ऑलिंपिक का नायक-निर्देशक कप्तान—लोगों में उन दिनों आदर और चर्चा की बात हो गये।

ऑलिंपिक के कप्तान स्मिथ के कॅरियर पर यह एक धब्बा था। उसके रहते हुए भी ऑलिंपिक दुर्घटना का शिकार कैसे हो सकता है? यकीन करना मुश्किल था।

उज्ज्वल, चमकदार, कॅरियर के आखिरी पड़ाव में ऐसी-वैसी घटना, कुशलता पर प्रश्नचिह्न इन्सान की इमेज़ धूमिल कर देते हैं।

लेकिन इसमई साहब का भरोसा कैप्टन स्मिथ पर अटूट था। स्मिथ की सेवा अखंडित, अबाधित ही नहीं रखी, बल्कि और बड़ा और रोमांचक दायित्व उसके कन्धे पर सौंपा गया। यह दायित्व था—टायटेनिक का पहला सफ़र। इस सफ़र के साथ-साथ अपनी उमर का साठवाँ साल पूरा करने—साठवाँ बर्थ-डे मनाने स्मिथ लौटने वाला था। इसके बाद रिटायर हो कर स्मिथ अपने बाल-बच्चों के साथ, अपने घर में और टायटेनिक इस सफ़र को पूरा कर बार-बार समुद्र के सीने पर सवार होकर मुसाफ़िरों को आराम, चैन, सुख और मज़ा देने में पूरे जोश के साथ लगने के लिए स्वतन्त्र थे।

इस बीच ऑलिंपिक एक विवाद में फँस गया। आखिर हार भी गया।

**(2)**

हुआ यह कि साउथम्पटन का किनारा छोड़कर वह स्पिटेड खाड़ी की तरफ़ बढ़ रहा था। सपाटे पर निकला हॉक नामक पोत अचानक पीछे से आगे निकलने

लगा और ऑलिंपिक से जा भिड़ा, टकराया, ऑलिंपिक धक्का खाकर डोल गया। लगभग 40 फुट पानी बाढ़ की तरह पोत में बढ़ गया। हॉक को भी काफी क्षति पहुँची। गनीमत थी कि वह पूरी तरह तबाह, डूब या नष्ट हो जाने से बच गया। जहाज़ में बढ़ रहे पानी को काबू में लाकर हॉक अपने यात्रियों समेत पोर्ट साउथ बन्दरगाह पर लौटा।

दुर्घटना के बाद चली तू-तू, मैं-मैं में पहले तो निर्णय हुआ कि इसमें कसूर सपाटे पर निकले हॉक का था। लेकिन ऊपरी अदालत ने गहरी खोज, छान-बीन, पूछ-ताछ और कानूनी प्रक्रिया, व्याख्या के बाद स्पष्ट किया कि दुर्घटना का दायित्व व्हाइट स्टार कम्पनी के ऑलिंपिक जहाज़ पर है।

## (3)

व्हाइट स्टार कम्पनी के सत्रह जहाज़ों की कप्तानी करने के बाद नौकायन की आखिरी ट्रिप में कप्तान के रूप में, स्मिथ टायटेनिक पर सवार था। दूसरी ओर, अजीब बात है, टायटेनिक का यह पहला सफर–उद्घाटन–सुहागरात जो भी कह लीजिए–का कीमती, महत्त्वपूर्ण, नाजफ़क मौका था। साक्ष्यों के हवाले से इतिहासकारों ने कप्तान स्मिथ की, उसके साहस की, कुशलता की, मर्दानगी की काफी तारीफ़ की है। नौकायन की दुनिया में लगभग चालीस साल की सेवा की पूँजी उसके पास थी। उसका अस्तित्व और व्यक्तित्व रोबदार था। जहाज़ के क्रू, मुसाफिर उसके दर्शन से मुग्ध हो जाते। उसकी बात ध्यान और मन लगाकर सुनी जाती थी। देखते ही उसकी छवि और उम्दापन लोगों को प्रभावित कर लेता। स्वभाव से मिलनसार होने के साथ-साथ नेतृत्व की खास-आकर्षक शैली उसके पास थी। आत्मविश्वास, कुशलता और अधिकार के साथ अपने पोत को बड़ी-बड़ी जोख़िमों के बीच से सही-सलामत निकाल लेने की घड़ी देखने वालों के लिए नौकायन के सबक़ देती और सब दंग रह जाते। औरों की बात छोड़ दीजिए। खुद प्रबन्ध निदेशक इसमई को भी लगता था कि वाह, स्मिथ भी क्या ज़ादुई चीज़ है।

'ऑलिंपिक' के बारे में लोगों की राय, 'हॉक' के साथ टक्कर खाने की घटना के बाद चाहे बदल गयी पर उसी की तर्ज़ पर बन रही टायटेनिक की रचना और डिजाइन में फेरबदल करने पर न व्हाइट स्टार कम्पनी ने ध्यान दिया, न आम लोगों ने इसके बारे में कोई शक़ करना मुनासिब समझा। मतलब समुद्री यात्रा में आने वाली जोखिमें घटाने, बढ़ाने या हटाने के पारम्परिक साधन लगाने की बात भी टायटेनिक के सन्दर्भ में नज़रअन्दाज़ की गयी। यात्री क्षमता के लिहाज़ से आवश्यक प्राणरक्षक लाइफ बोटें रखने की क्षमता वाले कंटेनर टायटेनिक के मूल डिजाइन में समाविष्ट थे पर आगे जाकर प्रबन्ध निदेशक ने इस बात पर भी पर्याप्त ध्यान नहीं दिया। कम्पनी की ठोस, अटूट धारणा थी कि उनका यह जहाज़

तरण क्षमता में अजोड़ है—अजेय है। अतः लाइफ बोट वगैरह ट्रेडिशनल बातें इसमें नहीं के बराबर ज़रूरी हैं। लाइफ बोट वगैरह का खर्च बचाकर मुसाफिरों के सुख, चैन, आराम और ऐश की चीज़ें उसी में से लगाना समझदारी है। जानलेवा संकट की घड़ी में मुसाफिरों को बचाने वाली ऐसी सिर्फ 20 लाइफ बोटें टायटेनिक पर थीं। इनमें कुल मिलाकर 1178 जानें बचाने की क्षमता थी।

टायटेनिक की यात्री वहन क्षमता थी 3400। मुसाफिर लोगों को, मुसाफिरों को ही नहीं, बल्कि कप्तान स्मिथ और उसके क्रू को भी यह यकीन दिलाया जा रहा था कि कम्पनी की ओर से उनके कब्ज़े में दिया जाने वाला यह जहाज़ किसी भी दुर्घटना का सामना करके उसमें से सुरक्षित निकल सकता है। उसे कोई लहर डिगा नहीं सकती, न कोई तूफान उसकी रफ़्तार को रोक सकता है, न सागर का पानी उसे डुबो सकता है। निष्ठावान कप्तान के रूप में स्मिथ का ध्यान ऐसी किसी कमी पर जाता तो भी उस पर कोई बात या विवाद छेड़ना कम्पनी के हित और उसकी इमेज़ के प्रतिकूल होता।

आखिरी रस्म, औपचारिकता के रूप में व्यापार विभाग के मुख्य निरीक्षक कैप्टन क्लार्क ने साउथम्पटन में खड़े पोत टायटेनिक का निरीक्षण किया। इस निरीक्षण के दौरान भी लाइफ बोटों की संख्या का कोई मुद्दा नहीं उठा।

## (4)

10 अप्रैल 1912 की दोपहर व्हाइट स्टार कम्पनी का टायटेनिक नामक पोत पर्यटन पर बढ़ा। मुसाफिरों की संख्या क्षमता से कम, आधी के आस-पास थी। हो सकता है कि सम्भावित तारीख के पहले ही जलावतरण के कारण टायटेनिक मुसाफिरों से पूरा न भरा हो। बात यह भी है कि किसी नये पोत या वाहन का पहला सफ़र जोख़िम भरा मानने की धारणा उन दिनों भी लोगों में विद्यमान थी। सपनों, साहस और ज़िद के हक़दार प्रबन्ध निदेशक टायटेनिक के इस सफ़र में मुसाफिर के रूप में मौजूद थे।

टायटेनिक आगे-आगे बढ़ने लगा। गति धीमी थी पर पोत इतना महाकाय था कि उसके चलने से आस-पास ज़ोर-ज़ोर की लहरें उठीं। पानी में अचानक आ गयी गड़बड़ी के कारण 'न्यूयॉर्क' व 'ओशनिक' दिग्भ्रमित होकर डूबने लगे। कैप्टन स्मिथ ने इस घड़ी को कुशलता से सँभाला। 'न्यूयॉर्क' को डूबने से बचाया। 'ओशनिक' भी बाल-बाल बचा।

टायटेनिक के डेक पर खड़ी एक महिला इस हादसे को देखकर सोच में पड़ी थी कि पास में खड़े अजनबी ने मुड़ कर कहा—

"मैडम, यह सफर हम शायद ही पूरा कर पायें।"

मिसेज़ हैरिस चुप.....खोयी-खोयी.....लग रहा था कि कई बॉयलर सीने में उबल रहे हैं।

अजनबी ने मिसेज़ हैरिस नामक उस युवती को कुछ रुककर, इधर-उधर का सन्दर्भ लिये बिना फिर एक बार कहा–

"अपनी जि़न्दगी से तुम्हें प्यार है?"

मिसेज़ हैरिस बोली–"हाँ, है।"

"तो तुम चेरबर्ग पहुँचते ही–किस्मत वहाँ तक हमें पहुँचा पाये तो–चेरबर्ग में उतर जाओ। मैं तो आगे आने वाला नहीं"–अजनबी ने कहा।

मिसेज़ हैरिस ने अजनबी की बात हँसी में उड़ा दी। कहा कि "दुनिया भरोसा करती है–इस पोत की तरण क्षमता पर। एक भी खराबी या कमज़ोरी न हो तो ये डूबेगा कैसे?"

अजीब बात है कि मिसेज़ हैरिस और वह उदास अजनबी बची हुई आखिरी यात्रा में इस प्रसंग के बाद दुबारा मिले नहीं।

पोत के मुख्य अधिकारी चाइल्ड, फायरमन जॉन जैसे क्रू सदस्यों को भी पोत में खचाखच भरे सुख, चैन-ऐश-आराम और मस्तीवर्धक माहौल के बीच लग रहा था कि मौत की हल्की, मज़बूत, अदृश्य रस्सी टायटेनिक को समुद्र के अन्दर आगे खींच रही है।

शाम सात बजे के करीब टायटेनिक नामक झिलमिलाती दुनिया, चेरबर्ग पोर्ट पर रुकी। सैकड़ों मुसाफिर यहाँ सवार हो गये। 11 तारीख को टायटेनिक में कुल मिलाकर सवार थे 891 क्रू और 1316 मुसाफिर।

उन्नीस महाकाय बॉयलरों की भाप की ताकत पर चलने वाले इंजिन..... शान्त समुद्र.....कैप्टन स्मिथ.....पहले सफ़र का नशा.....मानो समुद्र के सीने पर टायटेनिक दन-दनाकर नाच रहा था।

ख़तरनाक हिमनग के अस्तित्व की–मार्ग में आ सकने की आशंकाएँ और ख़बरें शुरू से आ रही थीं। पहले सुना गया था कि टायटेनिक मार्ग की दक्षिण दिशा में हिमनग दिख रहे हैं।

मौसम साफ़ था।

रफ़्तार तेज़ थी।

पहले सफ़र पर निकला हर कोई तेज़ चलकर अच्छी इमेज़ बनाना चाहता है।

क्वीन्स टाउन बन्दरगाह पर प्रबन्ध निदेशक इसमई और टायटेनिक के मुख्य इंजिनियर बेल के साथ हुई बात–

"बंकर कैसे चल रहा है, बेल?"

"एकदम ठीक है, सर।"

"तो फिर जितना भी सम्भव है–तेज़ चलो। मौसम भी अच्छा है और कुछ ज़्यादा बॉयलर जलाओ। भार का दबाव जितना भी ज़्यादा हो, बढ़ा दो।"

टायटेनिक ने ग्रैंड बैंक क्षेत्र में प्रवेश किया। ख़बरों के अनुसार यहीं आसपास हिमनग दिखाई दिये थे। रफ़्तार भाप के दबाव में आ कर पूरे ज़ोर पर थी।

रविवार, अप्रैल 12—व्हाइट स्टार कम्पनी उस दिन अपनी नौका पर बोट ड्रिल की रस्म हर साल मनाती थी लेकिन रफ़्तार बढ़ाने और रिकॉर्ड बनाने का नशा सवार था इसलिए निदेशक इसमई ने यह रस्म रद्द कर दी। कप्तान स्मिथ अपने मालिक से संकेत पाकर बढ़ी रफ़्तार देखते रहे। इसी दिन टायटेनिक का औपचारिक तांत्रिक निरीक्षण हुआ। साप्ताहिक प्रार्थना भी हुई। दिन में 546 मील की दूरी टायटेनिक पार कर चुका था। बचे हुए आखिरी 2 दिनों में रफ़्तार और भी बढ़ने वाली थी।

निरीक्षण चल रहा था उसी वक़्त **करोनिया** ख़बर दे रहा था कि 42° अक्षांश पर 49° व 51° रेखांश के बीच पश्चिम दिशा में महाकाय हिमनग दिख रहे हैं। उसी दिन दोपहर **बाल्टिक** ने चेतावनी दी और कहा कि हिमनग पश्चिम दिशा में और 41° - 51° दक्षिण तथा 40° - 52° पश्चिम में तैर रहे हैं।

लगभग इसी वक़्त **अमेरिका** से भी रिपोर्ट मिली कि दक्षिण में 41° - 21° व पश्चिम में 55° - 8° क्षेत्र में हिमनग पाये गये हैं।

फिर उसी दिन शाम **कैलिफोर्निया** पोत ने हिमनगों के फैलाव व ख़तरों की तमाम ख़बरों की पुष्टि करके ख़बरदार किया कि पोत के कप्तान व क्रू सावधान रहें।

कुछ घण्टों बाद **मेसबो** ने इसी चेतावनी को दोहराया।

सभी ख़बरों-चेतावनियों का मतलब एक ही व साफ था कि टायटेनिक हिमनगों के चक्रव्यूह में फँस रहा है।

शायद किस्मत ही खराब थी कि अधिकांश रिपोर्टें कप्तान स्मिथ तक पहुँच नहीं पायीं। रात के वक़्त अपने मार्ग में हिमनग के आने की सम्भावना न स्मिथ को थी न उसके सहायकों को। फिर भी पहरेदारों को खास हिदायत दी गयी थी कि वे हिमनगों पर बारीक नज़र रखें। शायद पहरेदारों ने भी इसे रुटीन आदेश के रूप में लिया। अतिरिक्त चौकसी या ज़्यादा पहरेदारों की कोई आवश्यकता न महसूस हुई, न सतर्कता बढ़ी।

— बॉयलर सुलग-सुलगकर भाप के राक्षस को उत्तेजित कर रहे थे और टायटेनिक अँधेरी रात में भयंकर रफ़्तार से अपने मार्ग पर दौड़ रहा था।
— इंजिनियरों को—आपातकाल में हिमनग या किसी चीज़ से टकराने पर रफ़्तार कम करने या काबू में लाने की कोई हिदायत नहीं दी गयी थी।
— जानलेवा क्राइसिस में बचने की एहतियाती स्टैंडबाय व्यवस्था पर किसी ने सोचा ही नहीं था।
— चट्टानों-हिमनगों-तूफानों और जोख़िमों को छोटा समझने वाला नशा

कप्तान और पोत में भरा हुआ था कि कप्तान का यह आखिरी सफ़र है।

— कि टायटेनिक का यह पहला सफ़र है।

— छोटे-छोटे पोत और धीमी रफ़्तार हिमनगों से बचकर सही-सलामत निकल जाते हैं।

— विशाल टायटेनिक और कुशल कप्तान स्मिथ क्यों घबराएँ? बात यह है कि धीमी गति से चलने वाला खाई में जरा देर से गिरता है, हिमनग से जरा देर से टकराता है, चाहे तो अपना रास्ता बदल सकता है या पीछे मुड़ सकता है। लेकिन रुकना मुड़ना या डरकर रफ़्तार को कम करना—चेतावनी सुनने के बाद भी स्मिथ जैसे कप्तान के लिए स्वीकार्य होता?

उसी दिन शाम को अमीर-नामी मुसाफिरों की डिनर पार्टी में स्मिथ अतिथि था। बड़ा मज़ा आ रहा था। लेकिन चूँकि टायटेनिक हिमनग प्रभावित क्षेत्र में प्रवेश कर रहा था, स्मिथ पार्टी छोड़कर आ गया। अपने कक्ष में आकर सेकेण्ड ऑफिसर लाईटोलर से इधर-उधर की बात की। स्मिथ ने कहा कि हवा शान्त है। काफी सर्द है। मौसम साफ़ है। हिमनग के पैताने के विस्तार के कारण समुद्र में होने वाली गड़बड़ी-हलचल से नाविक ख़तरा भाँप लेते हैं। पर शान्त समुद्र में ऐसा अनुमान लगाना सम्भव नहीं होता।

"चौकस रहो। कड़ी नज़र रखो। किसी वज़ह से देखना मुश्किल हो जाये तो मुझे आवाज़ दो। मैं अपने कमरे में हूँ।" कप्तान स्मिथ ने सेकेंड ऑफिसर लाईटोलर से कहा।

रेडियो ऑपरेटर, जॉन फिलिप्स और उसके सहायक हेरॉल्ड ब्राइट दिन भर की भागदौड़ से थके थे। **कैलिफोर्नियन** ने ख़बर देने की कोशिश की.....**रास्ते में आइसबर्ग है.....सँभालो**.....झल्लाकर फिलिप चिल्लाया—"चुप। हमें पता है आइस क्या है और बर्ग क्या है.....तुम पहले भी यह बता चुके हो। इसके पहले पाँच पोतों से रेडियो पर ख़बर आयी है—आइसबर्ग.....आइसबर्ग.....बकवास।"

कुछ देर बाद ब्राइट ने पूछा, "ठीक तो है?"

जवाब में फिलिप्स ने कहा, "पूरा दिन काम था। थक गया हूँ।"

थोड़ी देर बाद फिर फिलिप्स बोला, "छोटा-सा झटका लगा है। शायद पोत टकराया हो। हो सकता है कि टायटेनिक को कोई नुकसान हो और हमें पीछे मुड़ना पड़े।"

फिलिप्स और ब्राइट पच्चीस से भी कम उमर वाले जवान थे। तेज़ थे। अपनी किस्म और उमर के अव्वल क्रू थे। पर अनुभव कम था। ख़तरों को समझना, झेलना, उनसे बचना सीखा नहीं था।

रात के दस बजे सेकेंड ऑफिसर लाईटोलर को फर्स्ट ऑफिसर मरडॉक ने रिलीव किया। आसमान तब साफ था। यहाँ तक कि चाँद भी नहीं था। समुद्र शान्त–अपने आप में खोया-खोया सा और ऊपर सितारों की घनी भीड़। रफ़्तार साढ़े बाईस नॉट की थी। हवा शान्त थी पर टायटेनिक के तेज़ चलने से हवा का तेज़ बहाव सा (5 ब्यूफोर्ट स्केल) महसूस होता था। मौसम अत्यन्त सर्द–फ्रीजिंग पॉइण्ट तक ठण्डा था। पोत के सामने–क्रॉनेस्ट में कप्तान कक्ष के ऊपर–पहरा दे रहे लुकआउट इस सर्दी से बच भागने के लिए बेचैन थे।

फ्रेडरिक फ्लीट नामक पहरेदार को फर्स्ट ऑफिसर ने आगाह किया था कि वह–सभी छह पहरेदार राह में दिखने वाली ऐसी-वैसी चीज़ों–अर्थात् हिमनग पर कड़ी नज़र रखें। हर पल चौकस रहें। फ्लीट ज़ोर दे-देकर देखता गया आँखें फाड़-फाड़कर.....लेकिन अँधेरा घनघोर था। फ्रेडरिक ने बार-बार कहा कि ऐसे वक़्त में उसके पास दूर तक देखने के लिए दूरबीन होनी चाहिए थी। दूरबीन की ज़रूरत वैसे साउथम्पटन पोर्ट छोड़ते वक़्त ही महसूस की गयी थी। फर्स्ट ऑफिसर ने मन में तय भी किया कि न्यूयॉर्क पहुँचते ही इस कमी को दूर किया जाएगा।

नीचे जाकर जरा सी गरमाहट और कॉफी के कुछ घूँट पीकर तरोताज़ा होने की इच्छा मन में बीच-बीच में आती गयी। पर फ्लीट की आँखें और ड्यूटी का अहसास उसे पहरे और चौकसी से बाँधकर रखे थे। अचानक उसकी नज़र क्षितिज के छोर पर–एकदम सामने हाथ भर लम्बाई के सफेद–चमकते ठूँठ पर पड़ी। थर्राहट को काबू में रखकर उसने और आँखें फाड़कर देखा। ठूँठ का आकार तेज़ी के साथ बढ़ता चला गया।

## (5)

फ्लीट जान गया कि महाकाय मौत के रूप में आइसबर्ग अब बिल्कुल सामने है। सामने से बिजली की तरह टूट पड़ा है। तत्काल उसने ख़तरे की घण्टी बजा दी। फोन का रिसीवर उठाने के लिए दौड़ा.....फोन की खनखनाहट के साथ ही पहरेदारों के प्रमुख ने जवाब दिया।

उसने पूछा–"तुमने कुछ देखा?"

"आइसबर्ग–मौत सामने है।" फ्लीट।

सुनते ही सेकेंड ऑफिसर ने यह ख़बर ब्रीजविंग में मरडॉक को दी।

मरडॉक ने चिल्लाकर क्वार्टर मास्टर को संरक्षक स्टार बोर्ड फैलाने की हिदायत दी। फिर बिजली के स्विच खींचकर वॉटर टाइट दरवाज़े बन्द करने की कोशिश की। फ्लीट से सूचना मिलने के बाद लगभग एक मिनिट में यह सब हुआ। 'क्रॉ नेस्ट' में इन दो पहरेदारों को एक मिनिट एक युग लगा।

सामने से टायटेनिक पर टूट रही आइसबर्ग की चट्टान सी दीवार को फ्लीट और ली भयभीत होकर देख रहे थे। स्टार बोर्ड फैलाकर टायटेनिक जैसे

महाकाय पोत की दिशा पल भर में बदल सकती थी लेकिन अब इतना सम्भव नहीं था। दिशा बदलते–मुड़ते-मुड़ते तेज़ गति के कारण पोत मुड़ कर भी पूर्ववत् दिशा में कुछ दूरी तक निकल आगे आयेगा।

मुड़ कर बदली हुई दिशा में बढ़ने के पहले ही महाकाय टायटेनिक पानी में छिपी हिमनग की चट्टान से टकरा गया।

हिमनग के साथ हुई टकराहट से टायटेनिक के मुसाफिर प्रायः बेख़बर थे। कुछ लोग धक्का खाकर अपनी जगह से दूर फेंके गये। कुछ लोगों को लगा कि जोरदार लहर उठने से पोत में कम्पन हुआ होगा। पहरे पर खड़े क्वार्टर मास्टर जॉर्ज रो ने इस समय लंगर डालते वक़्त जहाज़ में होने वाली थरथराहट महसूस की। लेकिन थोड़ी ही देर में कलेजा फाड़ देने वाली बातें सामने आती गयीं।

कप्तान स्मिथ जहाज़ में आये कम्पन से सजग हो कर अपने कक्ष से बाहर दौड़ा आया। पूछा, "मरडॉक, क्या हुआ?"

"हम हिमनग से टकरा गये हैं। मैंने पोत मोड़ने की कोशिश की, पर बहुत करीब आ गये थे। इंजिन मैंने रिवर्स किया और कुछ कर पाना मुश्किल था।" मरडॉक ने सूचना दी।

दिशा परिवर्तन और इंज़िन रिवर्स में आने से टायटेनिक ख़तरनाक मोड़ खाकर आइसबर्ग से टकरा गया। स्टार बोर्ड और रडार फैलाकर इंज़िन रिवर्स में लिए बिना जरा सा मुड़ कर टायटेनिक आगे बढ़ता तो शायद कुछ और हो सकता था। कुछ और हो सकता यदि रडार ही फैलाया न जाता। एकाध कमरा क्षतिग्रस्त होकर पानी से भर जाता।

## (6)

टायटेनिक के दुर्घटनाग्रस्त पुर्जों का मुआयना-अध्ययन-निरीक्षण करने पर बात सामने आयी कि टायटेनिक पोत बड़ा धक्का खाकर बुरी तरह क्षतिग्रस्त-टूटा-फूटा नहीं था। दरअसल, छोटी-छोटी गलतियों-जनित क्षतियों की लड़ी बनाकर टायटेनिक ने अपने गले में पहन ली थी। पोत इस तरह समुद्र के तल में फँस गया कि उसका निरीक्षण करना मुश्किल था।

दुर्घटना के दौरान सामने वाले पाँच कमरे समुद्री पानी में खुल गये। बॉयलरों में पानी घुस गया। टायटेनिक के दो कमरों में पानी घुस जाने के बाद भी तरणक्षम था। इससे ज़्यादा पानी की बाढ़ का दबाव क्षतिकारक-ख़तरनाक-हादसे के लिए काफी था। इसी क्रम में बढ़ने वाला पानी खाली कमरों में–इन कमरों में स्थित मुसाफिरों की छाती में भरकर–टायटेनिक की झिलमिलाती दुनिया को नेस्तनाबूद कर गया।

कैप्टन स्मिथ को अपनी कूवत, हिम्मत, कुशलता के साथ-साथ टायटेनिक की तरणक्षमता पर अदम्य विश्वास था। इस विश्वास ने ही दुर्घटना के पहले

मिल रही हिमनगों की चेतावनी को छोटी, मामूली समझा। दरअसल, इक्का-दुक्का हिमनग रास्ते में आने की सम्भावना न के बराबर होती है। दूसरे कप्तान स्मिथ, उसके क्रू और टायटेनिक का पोत ऐसी-वैसी घटना के बाद भी सुरक्षित रहेंगे ऐसी आम धारणा सब में थी।

मौसम साफ़ और समुद्र शान्त था इसलिए आइसबर्ग के आने का अन्देशा मील भर दूरी के पहले होना अपेक्षित था। पता चलते ही टायटेनिक को दूसरी दिशा में मोड़ना, बिजली के स्विच पर बन्द होने वाले वॉटर टाइट दरवाज़े बन्द कर देना आसान और अपेक्षित था। ऐसे में टायटेनिक के डूबने-डूब सकने की आशंका मन में नहीं आ सकती थी। इस विश्वास के रहते कौन सवाल करता कि टायटेनिक अपने आप में अजेय-अमर है? मुसाफिर आश्वस्त थे कि टायटेनिक पोत एक महाकाय लाइफबोट है।

इंज़िनों को रिवर्स में लेते ही टायटेनिक रुक सा गया। क्षति का अन्दाज़ लेते हुए इंजिन बन्द कर दिये गये। धक्का खाने के बाद हुई भाग-दौड़ के बाद कप्तान स्मिथ ने स्थिति अपने हाथ में ली। फोर्थ ऑफिसर जोसेफ़ को पोत में नीचे जाकर क्षति क्या और कितनी हुई है यह देखने का आदेश दिया। पहले तो ख़बर मिली कि नुकसान ज़्यादा नहीं है। जोसेफ़ पोत की तह तक गये बिना ही लौट आया था।

स्मिथ ने दुबारा कहा—"और एक बार जाकर ठीक से देखो कि क्या नुकसान हुआ है? जाते-जाते मिस्त्री को लेते जाना ताकि छेद हो तो तत्काल बन्द किया जाए।" जोसेफ़ नीचे जा ही रहा था कि ऊपर की ओर दौड़ता मिस्त्री मिला। मिस्त्री चिल्ला-चिल्लाकर कह रहा था—पानी। हमारी तरफ़ पानी बढ़ गया है।

क्रू के एक सदस्य ने पुकार-पुकारकर कहा—पानी बहुत तेज़ी से ऊपर बढ़ रहा है।

**थॉमस एंड्रयूज**, टायटेनिक का इंजीनियर निर्माता इस सफ़र में मुसाफिर था। इस पोत का जन्मदाता—प्रबन्ध निदेशक भी इस घड़ी का मुसाफिर था—जिसे रास्ते में हिमनग के टहलने की पक्की ख़बर कई घण्टों पहले मिल चुकी थी।

कप्तान स्मिथ ने एंड्र्यूज से सलाह माँगी। मुसाफिरों की जानें और पोत बचाने का कुछ रास्ता—मरम्मत होगी? एंड्र्यूज ने गर्दन हिलाई। हमारी ज़िन्दगी अब ज़्यादा से ज़्यादा दो घण्टों तक की बची है। जहाज़ अब डूब जायेगा। रेडियो ऑपरेटर के पास जाकर कप्तान स्मिथ ने आदेश दिया। वायरलेस भेजो कि हम ख़तरे में हैं। हमारी मदद तत्काल करो। चीफ ऑपरेटर ने सन्देशा

भेजा–"कम अॅट वन्स। बुई हॅव स्ट्रक अ बर्ग। इट्स अ सीक्यूडी। पोजीशन 41° 46° नार्थ 50° 14° वेस्ट..."

**'कारपेथिया'** के वायरलेस ऑपरेटर कॉटम ने ख़बर अपने कप्तान आर्थर रोस्ट्रन को दी। बात की गम्भीरता ताड़कर अपने इंजीनियर को कारपेथिया टायटेनिक की ओर तीव्रतम गति से दौड़ाने की हिदायत दी। अपने इंजीनियरों, डॉक्टरों, खलासियों को आदेश दिया कि टायटेनिक तक जाकर उस पर फँसे सवारों को बचाने की जी-तोड़ कोशिश की जाये। इस पर पोत के इंजीनियरों ने पीने का पानी तक बॉयलरों में डालकर उबाला ताकि वह अधिक से अधिक गति से दौड़े और मौत की चपेट से टायटेनिक वासियों को निकाल पाये।

इस बीच कारपेथियों का वायरलेस ऑपरेटर टायटेनिक से सम्पर्क करने की कई कोशिशें करता रहा। पर उधर से कोई सन्देश मिलना मुश्किल हो गया। रात के करीब दो बजे कुछ शब्द टायटेनिक कारपेथिया तक ट्रान्समिट कर पाया। उस आखिरी सन्देश में कहा गया था–

"अब तो इंज़िन रूम भी डूब गये" फिर पूर्णविराम...सब कुछ शान्त...

कारपेथिया का कप्तान सोच में डूब गया। मौत के मुँह में फँसे टायटेनिक के मुसाफिरों को बचाया कैसे जाये। सब हिदायतें दी गयी थीं। लुकआउट के लिए कई क्रू तैनात किये गये थे। मुख्य अधिकारी को लाइफ बोटें तैयार रखने का आदेश दिया गया था। सेकेंड ऑफिसर दूरबीन से पता करने की कोशिश कर रहा था कि कहीं से लाइफ बोट या हिमनग का पता चले।

इतने में एकाएक कप्तान रोस्ट्रन की नज़र उजली, चमकती चीज़ पर पड़ी। रात के 2.40 बज चुके थे। टायटेनिक का पता नहीं चल रहा था। कुछ देर बाद क्रू के एक सदस्य को वैसी ही चीज़ का आभास हुआ। यह उजली, चमकती लगने वाली हिमनग की छाया थी। हो सकता है, इस अँधेरी रात में यह क्षेत्र हिमनगों से भरा हो। रोस्ट्रन को अपनी और कारपेथिया की सुरक्षा भी जोखिम में घिरी लगी।

रात 3.30 बजे ख़बर के अनुसार मील भर के आस-पास टायटेनिक दुर्घटनाग्रस्त होने की रिपोर्ट थी। दूर तक कहीं कोई लाइफ बोट या किसी पोत का कोई निशान नहीं था। सहायता के लिए मौजूद होने की सूचना देते हुए घण्टा बजा-बजाकर 4 बजे के करीब घण्टा नाद रोका गया। अपने प्लान के मुताबिक कारपेथिया मक़ाम पर आ कर मदद के लिए तत्पर था। कुछ देर बाद और एक उजली, चमकती चीज़ दिख पड़ी। शायद कोई लाइफ बोट थी।

कप्तान रोस्ट्रन ने उस तरफ बढ़ने का आदेश दिया। कारपेथिया उस दिशा में बढ़ ही रहा था कि एक हिमनग उनके भी चपेट में आ गया। उसने अपना

रास्ता किंचित मोड़ा। फिर रोस्ट्रन और उसके क्रू ने हिमनगों से घिरी-बिखरी लाइफ बोटें देखीं। सवेरे 8.30 तक बचाव कार्य चलता रहा। जिन्हें बचाया जा सका, उनमें व्हाइट स्टार का प्रबन्ध निदेशक इसमई एक था। कोई इलाज़, उपचार लेने से इनकार करते हुए वह अकेला छोड़ने की मिन्नत कर रहा था। उसका आक्रोश था–"एक मुसाफिर औरत डूब गयी है। वह तह तक गयी होगी। मैं बदकिस्मत क्यों नहीं डूबा। बदकिस्मत भी क्यों नहीं डूबा।" इस हादसे के बाद कई दिनों तक पागलपन का यह दौरा उससे उतर नहीं पाया। टायटेनिक पर सवार लगभग 2200 मुसाफिरों में से कारपेथिया 705 लोगों की जान बचा पाया। कप्तान एडवर्ड और निर्माता इंज़ीनियर थॉमस एंड्र्यूज डूब गये।

दुर्घटना के कानूनी विश्लेषण के दौरान अपनी व्हाइट स्टार कम्पनी की नौवहन पॉलिसी को उद्धृत करते हुए उपाध्यक्ष फ्रेंकलिन ने कहा–

"पोत के कप्तान से हम उम्मीद रखते हैं कि वह अपने पोत को सलामत रखते हुए प्रभावी नौका वहन करें। कोई भी कप्तान किसी भी हालत में अपने पोत को जोख़िम में डालने की ग़लती न करे। अपेक्षा यह भी की जाती है कि उनके पोत पर सवार मुसाफिरों की ज़िन्दगी और सम्पत्ति की रखवाली उनका धर्म है। वक़्त बचाने या दौड़ के लालच में अपना पोत जोख़िम में नहीं डाला जाना चाहिए। सुरक्षित नौकावहन और सलामती सर्वोपरि है। कप्तानों को बार-बार बताया जाता है कि उनके पोत का बीमा पर्याप्त राशि तक नहीं किया है। अतः कम्पनी और मुसाफिरों की ज़िन्दगी खुशहाल रखने के लिए पोत को दुर्घटना से बचाना ज़रूरी है...."

❑❑❑